Jacob Blume

Mit Lust die Welt verschlingen
Die sinnliche Küche Afrikas

»*Acht Dinge gibt es, die Kraft zum Beischlaf verleihen und ihn begünstigen. Dies sind: körperliche Gesundheit, ein von jedem Kummer unbeschwertes Herz, das Fernhalten jeder übergroßen geistigen Anstrengung, eine heitere, übermütige Stimmung, eine gute Nahrung, Reichtum, die Verschiedenheit der Gesichter der Frauen wie die Verschiedenheit ihrer Gesichtsfarbe...*«

Der duftende Garten des Scheik Nefzaui, Seite 145

Die Aufzeichnungen des Scheiks, aus denen in diesem Buch zitiert wird, erschienen 1850 (vermutlich aus dem Arabischen übersetzt) zuerst in Frankreich und wurden mehrfach nachgedruckt.

Jacob Blume

Mit Lust die Welt verschlingen
Die sinnliche Küche Afrikas

VERLAG DIE WERKSTATT

Der Autor

Jacob Blume arbeitet nach dem Abschluss seines Studiums der Literaturwissenschaft und Kunstgeschichte in Berlin und Katima Mulilo (Namibia) als Lektor, Herausgeber und Autor. Im Verlag Die Werkstatt erschien bisher »Bier. Was die Welt im Innersten zusammenhält« (Göttingen 2000).

Die Deutsche Bibliothek - CIP-Einheitsaufnahme

Ein Titeldatensatz für diese Publikation ist bei Der Deutschen Bibliothek erhältlich.

1 2 3   2003 2002 2001

© 2001 Verlag Die Werkstatt, Göttingen
Ein Projekt der Edition diá (www.editiondia.de)
Alle Rechte vorbehalten
Umschlag unter Verwendung des Bildes »Traum eines Gefangenen« von Malangatana Ngwenya (Mosambik)
Druck & Bindung: Westermann Druck Zwickau GmbH
Gesamtherstellung: Verlag Die Werkstatt,
Lotzestraße 24a, D-37083 Göttingen
www.werkstatt-verlag.de
ISBN 3-89533-310-7

Inhalt

»Der Mensch ist ein Mensch um der anderen willen« 9
Die Notwendigkeit der Gemeinschaft / Hunger, sündiges Spiel und Barbarei

»*Baanu so emmia* – Leben heißt zusammen sein, allein bist du ein Tier« 14
Erotik und Essen gemeinsam im Bett / Magie, Kult und Religion / Heiler und Zauberer / Initiation / Die Ahnen, Mutter Erde, Hochzeit und Totentanz / Von der Faulheit des Mannes / Die Kinder der Karanga

»Die Python findet dort ihre Nahrung, wo sie lebt« 30
Glaube, Liebe, Hoffnung / Die Inszenierung einer Mahlzeit / Kochtöpfe voller Magie

Afrikanische Lebens- und Liebesmittel
Von Alraune bis Zwiebel 35

Gerichte und Geschichten

Kuskus mit Gongo
Literarische Vorspeise 57

◆ Pfeffer, Koriander und Safran
König der Gewürze: der Pfeffer 64
Vom warmen Sand, Abendwind und dem Sonnenuntergang: der Koriander 77
Die männliche Kraft der Sonne: der Safran.. 87

◆ Kokos- und Dattelpalme
Ein »Stamm« fremder, schöner, junger Männer: die Kokospalme 98
Die Schwester der Menschen in Gestalt und Geschlecht: die Dattelpalme 105

◆ Muscheln, Schnecken, Austern
Gaben für Oshun, Göttin der
Fruchtbarkeit 112

Der duftende Garten des Scheik Nefzaui
Literarischer Zwischengang.................... 120

◆ Yams
Die Speise der Götter......................... 126

◆ Kochbananen und Okras
Finger der Liebe: die Kochbanane........... 134
Trägerin des Schicksals und des
Willens: die Okra 140

◆ Zwiebeln und Knoblauch
Reizende Knolle im Liebeskampf:
die Zwiebel..................................... 150
Ein gepriesenes Wunderheilmittel:
der Knoblauch................................. 157

Die Frau, die ein Ei legte
Literarischer Zwischengang.................... 163

◆ Geflügel und Eier
Boten zwischen Himmel und Erde:
das Geflügel.................................... 166
Die sieben Explosionen der Vereinigung:
die Eier 182

◆ Granatäpfel und Feigen
Symbol des körperlichen Geheimnisses
der Frau: der Granatapfel.................... 192
Frucht der Scham: die Feige................. 197

Anmerkungen 201
Literatur 201
Rezeptregister 203

»Der Mensch ist ein Mensch um der anderen willen«

Die Notwendigkeit der Gemeinschaft

»In der Nacht vor dem ersten Tag der Aussaat haben die Eheleute Sex: Nach dem Orgasmus streichelt der Mann die übrige Nacht seine und die Geschlechtsorgane der Partnerin. Am nächsten Morgen sammelt er die Samen, die er auf seinem Land pflanzen will, in ein Sieb, ohne sich vorher die Hände zu reinigen, um nicht zu vernichten, was an ihnen haftet. Dann hockt er sich nackt hin, das Gefäß mit den verlesenen Körnern zwischen den Beinen. Seinen auf den Körnern liegenden Penis bestreicht er so lange mit einem mit Zaubermittel versetzten Hirsebrei, bis er eine erneute Erektion bekommt.« (1)

Mit diesem Ritual des Miteinanders von Mensch und Natur, Sexualität und Nahrungsorganisation, so die Überzeugung der Fipas aus Tansania, wird es eine gute Ernte geben. Das Getreide wird ebenso kräftig wachsen, wie es die Zeugungskraft des Mannes schon ist.

»Afrika« sind viele Völker

Ob Tuareg aus Mauretanien oder Karanga und San-Buschmänner aus dem Süden Afrikas, ob Wolof aus Senegal oder Kikuyu und Massai aus Kenia, ob nigerianische Igbos und Yoruba oder Fipas aus Tansania – der afrikanische Kontinent versammelt viele verschiedenartige, zum Teil jahrtausendealte Völker und Kulturen. Außerhalb des Kontinents besteht allerdings seit Jahrhunderten die Tendenz, Unterschiedlichkeit und Geschichte seiner Völker zu ignorieren.

»Afrikaner« sind alles andere als eine einheitliche Spezies. Afrika ist keine Nation, wenn auch heute noch viele Statistiken dies nahe legen. Nicht selten heißt es in Aufzählungen: Afrika, Frankreich, Vietnam ...

Aber dennoch verbindet etwas die verschiedenen Kulturen des »dunkel lockenden Kontinents« (Tania Blixen) und verleiht einem das Recht, von dem (traditionellen) Afrika zu sprechen. Das ist – im Spiegel der Gemeinsamkeiten des (modernen) Europa –, der Gemeinsinn seiner Menschen und ihre enge Bindung an die sie umgebende Natur. In dieser Region der Welt herrscht eine Kultur, die nicht das Gegenüber von Mensch und Natur empfindet, sondern ihn als Teil derselben begreift. Geregelt wird das Verhältnis durch Kulte und Rituale.

So auch die Liebe. Nicht weit her ist es mit unserer erotischen Fantasie: Wenn Europäer an ein »Liebesmahl« denken, haben sie meist eine üppige Fülle von Lebensmitteln, einen Menschenhaufen vor Augen, der sich ohne Sitte und Anstand, Manieren und Etikette darüber und übereinander hermacht: ein einziges orgiastisches, »barbarisches« Drunter und Drüber von Braten, Saucen, Suppen, Früchten, Laibern und Leibern. Der Gedanke sagt wenig aus über Rituale und Sitten der so bezeichneten Völker und Kulturen, viel aber über dessen Träger. Basis des Glaubens an die »Barbarei« und die »freien Wilden« ist wohl der Neid der Zivilisation. »Barbarisch«, »frei« und »wild« sind allein zivilisatorische Erfindungen. Alle »Nichtzivilisierten« sind eingespannt in Rituale für das tägliche Überleben, ohne Sinn für das, was »frei« und »wild« meint.

Denn traditionelle Gesellschaften sind gezwungen alles zu regeln, da in ihnen die Menschen unausweichlich zusammenhängen wie die Glieder einer Kette. Individualismus ist nicht gefragt und wird als destruktiv eingeschätzt. Dafür

Den »freien Wilden« kennt nur die Zivilisation

wird hier niemand allein gelassen. Das Leben zeigt sich manchmal schön, manchmal hart, aber immer besteht man es gemeinsam – oder man besteht es nicht. »Der Mensch ist ein Mensch um der anderen willen«, sagen die Ashanti.

Nahezu alle Aspekte des Lebens sind festgelegt, deswegen ist der Zusammenhalt der Menschen nirgends so groß wie in überkommenen Gesellschaften. So auch in Afrika. Man sieht, hört, riecht den Mitmenschen. Die Jungen, die Alten, die Starken und Schwachen sind, solange es ein Familien- oder Stammesmitglied gibt, nicht ohne Pflege, Unterkunft und Essen. Man redet, sitzt, tanzt, feiert und isst zusammen, man berührt sich. Rituale ermöglichen und lenken den menschlichen Kontakt. Denn sie verleihen Sicherheit, sind Grundlage des Selbstvertrauens, bilden und halten Gemeinschaften zusammen. Rituale, in denen eine Gemeinschaft sich ihrer selbst versichert, haben einen ausgeprägt sinnlichen Kern und sind um ein gemeinsames Essen gruppiert. Das Essen wird so zu mehr als der reinen Aufnahme von Speisen und Getränken. Dabei wird kein Mittel, immer aber Bedeutung zu sich genommen.

Symbole der Ashanti (Ghana) für »Einheit« und »Weisheit«

Hunger, sündiges Spiel und Barbarei

Er lieferte den Mais, widerrechtlich. Gegen den Boykott durch Südafrika, gegen den Hunger der Ovambos, jenseits der angolanischen Grenze. Bis ihm auffiel, dass jemand ihn bestahl. Das meldete er dem Chief. Der hatte die absolute Gerichtsbarkeit. Und rief eine Versammlung ein.

Sie luden ihn ein, den Sachverhalt vorzustellen. Nach kurzer Beratung war man sich einig. Die Person, schnell gefunden, war aus dem Sozialkörper der kleinen Gemeinde zu entfernen. Durch seinen Diebstahl hatte er die Maislieferungen in Gefahr gebracht. Und die Geißel Afrikas in ihren Kral geladen: den Hunger. Der war

»Ein Finger voll Öl beschmiert alle anderen«

nicht willkommen. Seine Schuld fiel auf alle zurück. »Eine einzige Palme macht den ganzen Wein sauer« oder »Ein Finger voll Öl beschmiert alle anderen«, wissen die Ashanti.

Man schnitt dem Mann die Kehle durch und verscharrte ihn. Dann bereitete man ein Mahl unter freiem Himmel und trank, wie zur gegenseitigen Versicherung des gemeinsamen Ratschlusses, ein Dolo, ein Bier. So geschehen im letzten Viertel des 20. Jahrhunderts.

Wer außerhalb Afrikas über Afrika spricht, dem fällt sogleich der Hunger ein. Die harten Lebensbedingungen haben sich noch am ehesten in das Gedächtnis der Welt eingegraben. Aber auch wer in Afrika über Afrika spricht, denkt sofort an Hunger. Denn der ist eine Macht, nicht nur, wenn Regenfälle ausbleiben oder das Land überschwemmen – aber auch das passiert nicht allzu selten. Hunger droht auch im Fall des Zusammenbruchs eines Sozialsystems. Dann muss gehandelt werden. Weil der Kontinent kein Maß hält, Wassermangel und harte Lebensbedingungen den Alltag beherrschen und die Menschen große Anpassungsleistungen vollbringen müssen, sind sie auf eine sehr existenzielle Art aufgeklärt über die sie umgebende Natur und ihre Möglichkeiten. Gerade der generelle Mangel an Lebens- und Nahrungsmitteln provoziert die Konzentration auf das Miteinander von Mensch und Natur. Physikalisch gesprochen: Druck erzeugt Wärme. Diese physikalische Gesetzmäßigkeit ist prinzipiell durchaus auch auf menschliche Gemeinschaften übertragbar. »Schmalhans« trägt Sinnlichkeit – das Bewusstsein und den Ausdruck von der Bedeutung körperlichen Wohlbefindens im menschlichen Miteinander – in die afrikanische Küche.

Afrika hat nicht wie Europa eine Geschichte, in der die Aufnahme von luststeigernden Pflan-

zen und Mitteln bei Strafe verboten wäre. So empfinden traditionell lebende Afrikaner Verehrung und Pflege des eigenen Körpers und den Lustgewinn im Zusammenspiel mit einem anderen nicht als »sündiges« Spiel, sondern als angenehme Pflicht, eine Art Gottesdienst – und das nicht nur im Rahmen der in Afrika sehr lebendigen Naturreligionen.

Lustgewinn als angenehme Pflicht

Auch die religiösen Vorschriften der Mohammedaner legen den Gläubigen eine definierte Anzahl von Beiwohnungen in einem bestimmten Zeitraum nahe: neben der Vielehe, die der Sicherung der Familie dient, möglicherweise ein weiterer praktischer Grund dafür, dass die Menschen dieses Kulturkreises Aphrodisiaka entwickelten und über die Jahrtausende pflegten. Mohammed selbst soll sich beim Erzengel Gabriel beschwert haben, dass er den Beischlaf nicht genügend oft vollziehen könne, woraufhin dieser ihm diverse Speisen als Kräftigung empfahl.

»*Baanu so emmia* – Leben heißt zusammen sein, allein bist du ein Tier«

Erotik und Essen gemeinsam im Bett

»*Orelia und John waren bald ineinander verschlungen und das Olivenöl verhalf ihren dunkel schimmernden Körpern zu vielen sanften und mühelosen Vereinigungen. Sie lachten bei dem Gedanken daran, wie sie nach Ratatouille und Champignons schmeckten, und sie kicherten, weil sie aneinander abglitten und glitschten, wie Kinder im afrikanischen Schlamm...*«(2)

Die fundamental enge Verbindung zwischen menschlicher Erotik und Ernährung entsprang der Situation auf der schmalen Matratze, Leben genannt. Liebe und Sexualität setzen vor allem eines voraus: Gemeinschaft. Und Essen bildet Gemeinschaft. Hier ist man willens und bereit zu teilen; hier wird das Kollektiv zelebriert, Zusammenhalt, gegenseitige Abhängigkeit ökonomischer und emotionaler Art zugelassen und demonstriert.

Nicht nur der unersättliche Volksmund weiß um den engen Zusammenhang von Liebe und Essen, auch viele Religionen und die Literatur kreisen um sie. Denn beim Essen und Kochen wird – wie in der körperlichen Liebe – der Hunger befriedigt und der »Fleischeslust« gefrönt. Wie weit dabei physiologische Einwirkungen eine Rolle spielen oder Aphrodisiaka nur der sinnlichen Inszenierung und raffinierten atmosphärischen Einstimmung dienen, lässt sich kaum unterscheiden.

Dass Erotik und Essen das Bett miteinander teilen, dass Hunger nicht nur Nahrung, sondern auch Geschlecht meint, kann als selbstverständlich gelten. Doch das Selbstverständliche ist, wie bei vielen anderen menschlichen Phänomenen, nahezu verloren gegangen. Das Bett-/Tischtuch in Europa hängt in Fetzen. Schon vor geraumer Zeit haben die Partner das Laken zerschnitten, sich voneinander verabschiedet und leben in strenger Scheidung.

Im Bauch, wo alles zusammentrifft, brummen bei uns allenfalls Flugzeuge. Manchmal geht die Liebe »durch den Magen«, wenn man jemanden »zum Fressen gern hat« – aber sie geht nur hindurch und zieht sich, so sie nicht (aus-)geschieden wird, bestenfalls ins Herz zurück. Wo bei uns ebenjenes sehnt, zieht, hüpft oder schmerzt, ergreift in Afrika der Bauch die Herrschaft: Europäische Herzens- sind afrikanische Bauchangelegenheiten. Afrika belässt die Liebe da, wo wir alle sie zuerst empfinden – im Bauch. Es lacht und liebt mit ihm und begreift ihn gerade in seiner ausgeprägteren Form als Ausdruck von Format, Zeichen der Würde, Sinn- und Persönlichkeit.

Afrika belässt die Liebe im Bauch

So ist es auch alles andere als überraschend, dass das Fundament des Glaubens, mit Hilfe von Essbarem sein Liebesleben bereichern oder ihm auf die Sprünge helfen zu können, den Göttern näher zu kommen, zuerst in afrikanisches Bewusstsein gelegt wurde.

Den Ägyptern galt die mnph-Pflanze als Mittel zur Begattung und zur Hervorbringung des Samens, die Qat-Pflanze als Erfrischungssnack und sexuelles Stimulans. Sie waren es auch, die das bisher älteste Rezept für ein Aphrodisiakum zu Papyrus gebracht haben. Aus dem Jahre 1700 vor Christi Geburt stammend beschreibt es einen aus Honig, Christdorn- und Dornakazienblättern gemixten Trank »zum Steifmachen von Weichheit«.

Dennoch begreift der geschichtsbewusst lebende Afrikaner seine Liebesfähigkeit nicht allein als körperliche Festig- und Fertigkeit. Denn die der Natur entrungenen Liebeshilfsmittel verstand er schon immer weniger als materielle An- und Aufregungen, vielmehr dienten sie ihm dazu, »sein Bewusstsein zu entwickeln« (3). Der Kopf ist ihm seit Jahrtausenden das zentrale Sexualorgan.

Magie, Kult und Religion Der Glaube beseelt auf dem afrikanischen Kontinent nahezu alles. In allem wohnt, alles ist Gott, Geist – nichts ist ohne Seele und Gefühl, nichts reine Materie. Der Übergang von Wirklichkeit und Welt zu Magie, Kult und Religion ist fließend, die Differenzierung zwischen Realem und Symbol verliert im Flirren der afrikanischen Sonne ihre Kontur. Alles ist mit allem verbunden und immer mit Sinn und Bedeutung aufgeladen. So haben Erotik und körperliche Liebe eine vollkommen andere Basis als in Europa. Sie bewegen sich im Irgendwo zwischen Vorbestimmung, Gehorsam gegenüber den Ahnen, pragmatischer Familienplanung und ritueller Sinnlichkeit. Sie sind nicht Frucht freier Entscheidung und sollen dem reinen Lustgewinn dienen, wie es der Europäer (vergeblich und verzweifelt) zu zelebrieren versucht. Aber vielleicht ist deswegen der afrikanische Weg der erfolgreichere, die eigene Sinnlichkeit auszuleben und weiterzuentwickeln (ohne dass dies ein afrikanisches Kriterium wäre). Traditionell lebende Afrikaner haben keine Vorstellung von Sex und Erotik wie auch von deren pathologischer Beeinträchtigung, der Liebesunfähigkeit, ohne dass Götter, Totengeister und die Natur kräftig mitmischen. Schwerlich lässt sich unterscheiden, was Liebeslust, Machtdemonstration, Liebesmittel oder religiös-magisches Ritual ist.

Seit Jahrtausenden existiert in Afrika keine andere Vorstellung von Leben neben der, »fruchtbar zu sein und sich zu mehren«. Geschlechtlichkeit und Ernährung sind zutiefst sakral geprägte menschliche Gegebenheiten. Denn auf diesem Feld werden die Fragen nach Grund, Sinn und Funktion des Lebens und den ihnen innewohnenden Rätseln gestellt, erforscht und beantwortet; hier wird Erhalt und Vermehrung des menschlichen Daseins geübt; hier wird nach Unterstützung gefahndet und himmlische Hilfe gesucht, werden Götter angerufen und zur Erklärung bemüht – hier geht es um das Leben.

Geschlechtlichkeit und Ernährung, in ihnen äußert sich die Natur des Menschen. So werden sie auch mit dem Tod in Verbindung gebracht. Bei den Karanga im Süden Afrikas werden die Toten rituell verbrannt, ihre Asche wird unter Anrufung der Namen der Familienangehörigen in einem Mörser zerstampft und anschließend ausgeschüttet. Der Wind trägt sie in alle Himmelsrichtungen. So wird der Familie kundgetan, dass einer der Ihren gestorben ist. Der Bedeutungshintergrund: Sie verbrennen ihre Toten im Feuer, in dessen Wärme und Licht sie einst entstanden. Das Feuer symbolisiert in diesem Ritual die göttliche Energie, das Aschestampfen im Mörser steht für den Geschlechtsakt. In dem Akt, in dem er gezeugt wurde, verlässt der Mensch die Welt auch wieder. Nach der Überlieferung lebende Afrikaner verstehen Sexualität nicht unbedingt als Vergnügen, sondern als grundlegende menschliche Notwendigkeit mit sakraler Prägung.

Von der Vermehrung des menschlichen Daseins

Symbol für
die Allmacht Gottes
in der Religion der Ashanti

Heiler und Zauberer

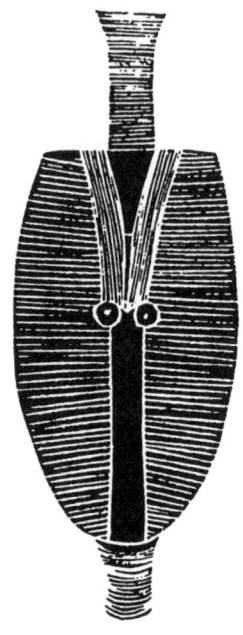

Im Gespräch mit den Pflanzen

Die Ursprünge der nicht schriftlich überlieferten Kulturen Afrikas liegen naturgemäß im Dunkeln. Aber einige der Rituale und Mittel, die zum Alltag der noch heute nach traditionellen Vorstellungen lebenden Völker gehören, fanden mit großer Wahrscheinlichkeit bereits vor Jahrtausenden Verwendung. Aphrodisiaka sind ihnen Medium: Potenzbeeinträchtigung und Unfruchtbarkeit gelten als Störung, Strafe der Götter und Dämonen, die auch nur diese zurückziehen können. Daher vertraut der gläubige Afrikaner den Priestern und Zauberern, ihren Beschwörungsritualen, vermittelnden und besänftigenden Opfergaben und Heilmitteln. Magie prägt alle menschlichen, sozialen und politischen Beziehungen; die althergebrachte Heilkunde lebt auf dem afrikanischen Kontinent fort.

Ein Heiler lernt schon als Kind, sich mit der Natur »in Verbindung« zu setzen. Schamanen oder Heiler, Hexen oder *consultants* drücken ihr vielschichtiges Verhältnis zur Natur dadurch aus – oder das Verhältnis drückt sich durch sie aus –, dass sie auf der Suche nach Heil- und Zauberkräutern mit den Pflanzen reden. Sie kommunizieren mit den diesen innewohnenden Kräften. Konsequent befragen sie die Pflanzen, ob sie sich ihrer bedienen dürfen: Kein Kraut, kein Blatt, kein Ast wird der Natur entnommen, ohne nicht dafür zu danken oder ein Gegengeschenk, ein Opfer, zu bringen.

Die Vorstellung der westafrikanischen Yoruba geht von metachemischen Parallelen zwischen Pflanzen und Menschen, von der Verwandtschaft ihrer Geister aus. Sie glauben an eine Entsprechung zwischen dem Geist der Pflanzen und dem des Menschen, der diese zu sich nimmt. Durch den Verzehr der falschen Speise kann die körperliche Harmonie gestört beziehungsweise durch die richtige wieder hergestellt werden.

Durch Mund, Nase, Haut, durch alle Poren werden den Rat und Hilfe Suchenden die Räucherungen, Salben, Pflanzen verabreicht, und doch liegt dem kein materialistischer Ansatz zugrunde. Nur selten sprechen *nganga* – so die Bezeichnung der Bantu für Heiler – von der direkten Wirkung der Pflanzen. Der soziale und familiäre Hintergrund des zu Behandelnden steht im Vordergrund, die hinter dem Problem stehende Geschichte ist entscheidend. Der ganzheitliche Ansatz versteht die einzelnen Heilkräuter und -rinden als Brücke zwischen dem Rat Suchenden und der Welt, nicht als Mittel. Nicht die Pflanze an sich wirkt, sondern der in ihr wohnende Geist, der erst rituell »geweckt« werden muss. Die Pflanze muss »aufgeladen« werden.

Der Kosmos der die Kraft steigernden und die Sinne öffnenden essbaren Liebesmittel aber bleibt nicht beschränkt auf die Welt der Pflanzen. Die »Fleischeslust« bestimmt auch die afrikanische Kochkunst – eine Selbstverständlichkeit nicht nur für die (nomadischen) Hirtenvölker. Obwohl sich weit weniger konkrete Wirkungen für tierische Aphrodisiaka nachweisen lassen, sind für die Unterstützung der Potenz besonders Hörner und Hoden hoch begehrt. Wer Hirschgeweihe, das Horn von Stier oder Rhinozeros in seine Liebestränke raspelt oder deren Fleisch, getrocknete Hoden und Phallen zu sich nimmt, hofft, dass Wollust und Kraft der Tiere auf ihn übergeht.

Ähnliche Erkenntnisse in Europa führten zu diametral entgegengesetzten Folgerungen. Winkte auf der einen Seite des Mittelmeeres die Erfüllung, drohte auf der anderen der Abgrund. Thomas von Aquin setzte das Verlangen nach fleischlicher Nahrung und körperlicher Liebe gleich. Die Todsünde der Völlerei provoziere die

Wege der »Fleischeslust«

der Wollust. Noch Sexualwissenschaftler des 20. Jahrhunderts können einen direkten Zusammenhang erkennen: So habe die Fleischnahrung wahrscheinlich dazu beigetragen, dass es zu keiner »Zügelung des Geschlechtsinstinkts« kam, sondern im Gegenteil die Sexualität gegenüber den Vorfahren des Menschen, den Affen, erheblich zunahm. »Durch die regelmäßigere und reichlichere Versorgung mit Fleisch schufen sich jene Jäger und Sammler günstigere Lebensbedingungen; Durchschnittsalter und Bevölkerungszahlen stiegen an.« (4)

Initiation

In Afrika wird dem Übergang von der einen in die nächste Lebensphase größte Aufmerksamkeit geschenkt. So werden die Mädchen der Akan nach dem »ersten Blut« im Rahmen eines Initiationsritus auf ihren zukünftigen Frauenstatus vorbereitet und an den Fluss des Dorfes gebracht. Dort rasiert sie eine ältere Frau und begleitet sie zu einem reinigenden Bad in die Mitte des Stromes. Das Mädchen taucht dreimal unter, und ihre Betreuerin verkündet: »Wir waschen deine kindlichen Anschauungen fort. Lass dein kindliches Verhalten auf dem Grund des Flusses liegen. Steh auf als Frau!« Zurück am Ufer wird sie mit *Shea*-Butter eingerieben, wirft ihre abrasierten Haare in den Fluss und lässt sie und mit ihnen ihre Kindheit von der Strömung forttragen.

In den folgenden Tagen wird sie von den erfahrenen Frauen unterwiesen, eine »gute Ehefrau« zu werden. Sie erfährt etwas über die körperliche Liebe, über Fruchtbarkeit und Geburt, die Kunst zu kochen, Kleiderpflege, Tanz und Gesang; sie lernt, wie sie ihren zukünftigen Mann und andere ansprechen kann, Besucher zu empfangen und zu verköstigen und vieles mehr.

Den Höhepunkt der Zeremonie bildet der sechste Tag. An diesem bereitet die Älteste eine zerstoßene Yamswurzel vor und schlägt einige Eier auf. Damit berührt sie die Lippen der jungen Frau. Dreimal wiederholt sie die Zeremonie und jedes Mal muss diese das Ei ausspeien. Beim vierten Mal gibt die Älteste ihr ein gekochtes Ei, das sie im Ganzen schlucken muss. Zerbeißt die werdende Frau es, hat sie »das fruchtbare Ei für die Entbindung zerbrochen« und damit ihre Fruchtbarkeit vernichtet: Nie wird sie gebären können.

Die Akan binden Erziehung und die Vorbereitung auf das Leben eng an die sie umgebende Natur – auch die Mannbarkeitsrituale der heranwachsenden Jungen. Eines besteht darin, 50 Pflanzhügel für Yams aufzuhäufen. Über »bestanden« oder »nicht bestanden« entscheidet das Aussehen des Griffes der dabei benutzten, aus weichem Holz geschnitzten Hacke. Er lässt die Fähigkeit des jungen Mannes erkennen, eine eigene Familie gründen und ernähren zu können. Nur wenn sich das Holz des Griffes aufgrund der körperlichen Anstrengung verformt hat, hat der Initiand genügend Kraft und Ausdauer bewiesen.

Den afrikanischen Menschen trägt die Erde, auf der er geht. »Mutter Erde« bringt seine Nahrung hervor, in ihr ruhen seine Wurzeln. Diese gründen tief und reichen bis in den Alltag, wie die Wurzeln der Pflanzenwelt, in denen sie Bindeglieder sehen: Bindeglieder zwischen der unteren Sphäre, der Erde, in der die Pflanzen ihren Ursprung haben, und der oberen, dem Himmel, in den sie ihre Blüten und Blätter treiben. »Die eigenen Götter hatten das Land, auf dem man lebte, geschaffen, hatten aus ihm die Urvorfahren der Gruppe geformt oder, gleich Pflanzen, her-

Die Ahnen, Mutter Erde, Hochzeit und Totentanz

vorgehen lassen und sie in allem belehrt, was zur Existenzerhaltung notwendig war. In der Tiefe des Bodens hausten die Ahnen, in Flüssen, Wäldern und Seen, auf den Bergen und hoch oben im Himmel, Geister und Götter, wachend alle über Wandel und Wohlfahrt der Menschen.« (5)

Für den Afrikaner sind es die Ahnen, die über diese Erde gingen, aus deren Leibern sie sich zusammensetzt: Sie verleihen ihr mythische Bedeutung. Die Erde, Mutter allen Lebens, schafft neues Leben, bestimmt das Wachstum von Blättern und Blüten. Afrikanische Heil- und Hilfsmittel, afrikanische Medizin entstammt überwiegend dem Reich der Pflanzen.

Die Ahnen sind es auch, die das Schicksal des Einzelnen weit vor dem Beginn seiner Lebenszeit festlegen. Die Vergangenheit bestimmt die Gegenwart. Der afrikanische Kontinent hat auf dieser Ebene ein vollständig anderes Zeitverständnis als der europäische, auf dem eher die Zukunft die Gegenwart bestimmt.

Das Andenken an die Ahnen wird nicht nur aktiv gepflegt, diese werden einbezogen in den Alltag, zu Problemen des täglichen Lebens befragt und mit Lebensmitteln »versorgt«. Vor jeder feierlichen Zeremonie, jedem größeren Fest wird Göttern und Ahnen geopfert, indem beispielsweise ein paar Tropfen eines Getränks auf den Boden gegossen werden, ein Schrein oder anderes Symbol mit Speise und Trank versorgt wird. Man gibt ihnen wie lebenden Wesen. Denn sie strafen und belohnen, sind Mittler zwischen menschlicher und göttlicher Welt. Nach ihrem Tod als Mensch bestimmen die Ahnen das Schicksal der ihnen nachfolgenden Personen und das ihrer Familien; sie bestimmen, wer mit wem durch Hochzeit zusammengeführt wird.

Für traditionell lebende Afrikaner bildet die Hochzeit den Mittelpunkt ihres Daseins. Sie markiert den Sinn des Lebens, der darin besteht, die Kette zusammenzuhalten zwischen den verstorbenen Ahnen und den Noch-nicht-Geborenen, denen der Eintritt in das Leben ermöglicht werden muss.

Die Familienmitglieder versammeln sich zu großen, ausgelassenen Festen; mit ihnen die Ahnen – zum »Totentanz«. In fast allen afrikanischen Kulturkreisen wird diese Verbindung zweier Menschen mit Tagen voller Tänze und Essen rituell besiegelt.

»Totentanz« beim Hochzeitsfest

Die Rashaida, ein arabischer Beduinenstamm aus Eritrea und dem Sudan, feiern einen Hochzeitsritus, der acht Tage dauert. Die Feier, die von den Familien der Braut und des Bräutigams gleichermaßen ausgerichtet werden muss, findet in einem großen, mit Tüchern reich geschmückten Zelt statt und beginnt mit der Schlachtung eines Kamels. Festgelage mit Ziegenfleisch, Weizenbrei, in Sand gebackenem Brot und süßem Tee, Tänze und Kamelrennen setzen die Zeremonie fort. Nomadische Beduinen haben außer auf diesen Hochzeitsfeiern nicht viel Gelegenheit, das andere Geschlecht kennen zu lernen – wobei häufig jedoch »geschlechtsintern« gefeiert wird.

Bei den Zulus, einem Kriegervolk Südafrikas, streiten sich die Familien der Braut und des Bräutigams zum Auftakt der Hochzeitszeremonie. Sie beleidigen sich heftig, indem sie Schmähgesänge anstimmen, in denen sie die jeweils andere Familie der Hexerei zeihen. Erst nach der Aushandlung des Brautpreises klart diese Beziehung langsam auf. Der gemeinsame Festbraten hilft die Fronten aufzuweichen.

Bei den Himbas, einem Hirtenvolk aus dem Kaokoland im Norden Namibias, schlachtet der Brautvater am ersten Tag der Hochzeit rituell eine Ziege. Deren Fleisch wird nach einem vorgegebenen Schlüssel unter allen Beteiligten verteilt. Nach Festessen und Tänzen wird die Braut mit reichlich Ockerfarbe eingestrichen, verlässt das Gehöft ihrer Familie und zieht zu ihrem Ehemann.

Nicht zu heiraten setzt die afrikanische Gemeinschaft gleich mit sozialer Verweigerung. Der- oder diejenige entzieht sich seiner religiösen Pflicht, für die Nachkommenschaft, das Bestehen der Familie, des Dorfes, des Stammes zu sorgen. »*Awoo ye*«, sagen die Akan, »Fortpflanzung ist eine Tugend.« Die Fantes meinen dasselbe, auch wenn sie mehr Worte benötigen: »*Awufo mpo pe won dodow na mene ateasefo* – sogar die Toten wünschen sich, dass sich ihre Anzahl vergrößert, wie viel mehr die Lebenden?«

Die klare Sinndefinition der Verbindung zwischen Mann und Frau bei den Igbos Nigerias lautet, Nachwuchs in die Welt zu setzen. Eine kinderlose Frau wird zur »*monstrosity*«[6], zum erbarmungslosen Gespött ihrer Umgebung, die Spottlieder singt über ihre »zur Dekoration« gewordenen Geschlechtsorgane. Die einzige Möglichkeit, ihr Ansehen zu erhalten oder wiederzugewinnen, liegt im Besuch der *dibias*, der Heiler, um diese zu bitten, durch Beschwörungen, Ratschläge beziehungsweise die richtigen Dosierungen der richtigen Kräuter ihre Fruchtbarkeit zu befördern.

Von der Faulheit des Mannes

In einer Kultur, in der eine hohe oder erhöhte Potenz als Ausdruck politischer Macht oder deren Voraussetzung verstanden wird, in der die Zahl der geliebten Frauen dem Chief des Stammes Macht und Ansehen verleihen; in einer Kultur, in der man seine Fortpflanzungspflichten gewissenhaft zu erledigen hat; in einer Kultur, in der die Fruchtbarkeit den Frauen gewissermaßen Lebens- und Existenzberechtigung verleiht und Unfruchtbarkeit zum Verstoß aus dem Stammesverband führen kann, sind potenzunterstützende oder -fördernde Zaubermittel und Rituale schlicht Staatsräson. Alles, was den Mann hindert, seine Frau zu befriedigen, also technische wie physiologische Unzulänglichkeiten, die so genannte »Faulheit des Mannes«, wird als schwerer Fehltritt begriffen. Der Imageschaden – das Vergehen wird in Afrika öffentlich verhandelt, Intimität hat hier keine Macht – kann ihn teuer zu stehen kommen und einer Ziege das Leben kosten. Der Preis, den Frauen für ihr »Versagen« im Liebesspiel in verschiedenen Kulturen des südlichen Afrika zu zahlen hatten, bestand im Ertragen der Prügel ihres Mannes.

Afrikanische Männer sind, wie Männer überall, in steter Sorge, dass ihnen ihr Schwellkörper die angemessene Erhebung verweigert. Denn Potenz ist neben der Bedingung für die Pflichterfüllung Zeichen von Stärke und Macht. Traditionsbewusste Afrikaner sind mitunter noch polygam und haben mehr als eine Frau, auch weil sie so viele Nachkommen wie möglich zeugen möchten. Jede ihrer Frauen verlangt die gleiche Aufmerksamkeit, und selbst wenn in der »Verschiedenheit der Gesichter der Frauen und in der Verschiedenheit ihrer Gesichtsfarbe« der Genuss liegt, sie können einen Mann durchaus überfordern.

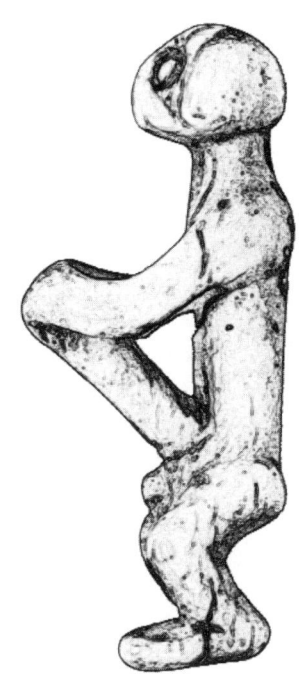

Wie Ahmadou seine Ehre verlor

So weiß Afrika eine Reihe von Geschichten zu erzählen: Ahmadou war ein erfolgreicher Händler und Patriarch, der mehrere Frauen und einige Kinder hatte. Sein Unglück begann mit seiner neuesten »Erwerbung«, einer sehr viel jüngeren Frau, die höhere Anforderungen stellte. Da die Mitfrauen aber ihre Erfahrungen austauschten, sprach sich sein Versagen blitzschnell herum. Im Handumdrehen lachte das ganze Dorf. Daraufhin suchte er die Hilfe eines Heilers seines Vertrauens. Dessen Kräuter aber hatten keinerlei Wirkung. Automatisch zogen die anderen Männer Rückschlüsse auf seine gesamte Person: Der impotente Ahmadou galt ihnen nicht weiter als vertrauenswürdig. Sie mieden ihn als Geschäftspartner.

Doch die afrikanischen Kulturen kennen zahllose Tricks, um einen zur Liebe nicht mehr fähigen Mann wieder aufzurichten. Sie reichen von Massagen bis zu speziellen Opferungen und der Verabreichung diverser Naturmedizinen, zuallererst aus Damianapflanzen oder der Rinde des Yohimbébaums. Immer werden Heiler und Zauberer befragt.

Ahmadou vermochte nur noch ein demonstrativ aufwändiges Ritual zu helfen, damit das Dorf von seiner »Heilung« erfuhr. Ein kräftiger Ziegenbock musste geopfert und seine Hoden unter Anrufung der zuständigen Geister verspeist werden, nachdem sie kunstgerecht lukullisch verfeinert worden waren. Dazu werden höllisch scharfe Pfeffersorten eingesetzt, die im Ruf stehen, die aphrodisische Wirkung der Tierhoden zu potenzieren. Das gesamte Dorf versammelte sich zu einem ausgiebigen Festmahl. Ob nun das Geschlecht des Tieres seine Potenz auf Ahmadou übertrug, ob es der Pfeffer war, der ihn wieder »scharf machte«, oder einfach nur der Glaube daran, oder ob er gar seinen Frauen wirkungsvoll den Mund verbat – wer kann das wissen?

Die Kinder der Karanga

Sich fortzupflanzen, Kinder zu gebären verleiht dem Leben Sinn. So wird ihrer Erziehung größte Aufmerksamkeit gewidmet. Die Karanga erziehen ihre Kinder anhand der Nahrungsaufnahme: Schon im Alter von zwei, drei Jahren werden sie angehalten, strikte Essregeln zu befolgen. Jungen und Mädchen nehmen, nach Geschlechtern getrennt, in einer kleinen Gruppe ihre Nahrung von einer gemeinsamen Platte. Sollte ein Kind beim Allein-Essen erwischt werden, wird es unter Androhung körperlicher Gewalt gezwungen, sich wieder einer Essgruppe anzuschließen. Denn der Allein-Esser drückt ihrem Verständnis nach aus, dass er nicht teilen will und kann. In den Essgruppen lernt das Kind, Respekt vor dem anderen zu entwickeln und zu kommunizieren. Der oder die Älteste wird bei den Mahlzeiten immer zuerst, der oder die Jüngste zuletzt bedient. »So lehren wir die Kinder etwas, das ihnen später zugute kommt ... wenn sie in Situationen kommen, die sexuelle Enthaltsamkeit verlangen.«(7)

Selbstverständlich wird Essen, körperliche Liebe und die Gemeinschaft (der Familie, des Stammes, des Dorfes) zusammengedacht. Die Kinder werden bestraft, wenn sie Essen von Fremden annehmen, da man hinter allem Unbekannten die Gefahr der Hexerei vermutet – im Fremden lauert das Böse. Gleichermaßen werden sie über Ess- wie Geschlechtertabus und -bedeutungen aufgeklärt.

Ihre hölzernen Essplatten gelten den Karanga als Symbol der Fruchtbarkeit des Stammes, allen voran die des Chiefs. Er besitzt die größte, denn er ist bedeutendster Träger der Stammes-Potenz. Die Karanga nennen ihr Essgeschirr *gunere*, Uterus. Sollte eine Frau diese Platte in Abwesenheit ihres Mannes einem fremden Mann darreichen, würde das als ein Akt des Ehebruchs verstanden.

Das Essen gewinnt so in manchen Kulturkreisen einen intimeren Charakter als die »ehelichen Werke«. Aus Madagaskar berichtete Jean Paulhan 1912: »Ein Fremder kann durchaus im Schlafzimmer von Mann und Frau schlafen. Er stört nicht. Die Frau schämt sich nicht, sich vor dem Fremden auszuziehen. Überrascht man

»Essen« ist wie
»miteinander schlafen«

aber eine Familie beim Essen, dann fühlen sie sich noch lange danach tief beschämt.«(8)

Die Yoruba benutzten für »essen« und »miteinander schlafen« dasselbe Wort; in vielen Naturvölkern galt das gemeinsame Essen eines Paares als Eheversprechen und der körperliche Vollzug der Ehe als Mahlzeit, bei der die Partner sich gegenseitig »ernähren«. Ein aussagekräftiges Verständnis für traditionelle afrikanische Sitten und Gebräuche: Die Unterscheidung zwischen Zeichen und Bezeichnetem verschwindet, ein Symbol wird/ist real.

Ndanga und Gutu halten ihre Krüge für ein Sinnbild der Frau: »In ihm kochen wir, aus ihnen erhalten wir unser Essen, das uns wachsen und stark werden lässt. Unser Stamm ist machtvoll und entfaltet sich, weil wir eine Mutter haben, sie schenkt uns Kinder, so wie der Krug uns das Essen gibt.«(9)

Durch sie lernen Kinder ihre Sexualität kennen: »Die Krüge mahnen einen Mann ständig, wer dieser Mensch, seine Frau ist. Sie erzählen ihm täglich, wie wichtig sie ist. Deswegen hat er mit den Krügen eine Möglichkeit, seine Liebe ohne Worte zu zeigen, wenn er sie mit Ehrfurcht behandelt. Wir benützen all die Dinge und geben ihnen Namen, um die Aufgaben von Mann und Frau auszudrücken und zu verstehen. Was der Körper genau ist und wie er all das Schöne vollbringt, das ist für uns ein Geheimnis. Daher nehmen wir die Dinge der uns bekannten Umwelt, um Aufgaben und Funktionen des Körpers darzustellen.«(10)

In überlieferten afrikanischen Kulturen werden Mann und Frau gründlich und detailliert auf ihr Geschlechtsleben vorbereitet. Sie haben eine Reihe von zum Teil sehr konkreten Geboten zu beachten: In der Karanga-Kultur der Shona sprechenden Stämme aus Simbabwe wird dem

Mann beispielsweise vorgeschrieben, dass er erst nach der Stimulation der weiblichen Genitalien und erst wenn diese kurz vor dem Orgasmus steht, in sie eindringen darf.

Die Ge- und Verbote betreffen auch die Nahrungsmittel: Der Genuss von Zungenfleisch oder Fleisch vom Unterkiefer ist Mädchen und Frauen untersagt, da er ihnen Macht über ihre Männer verleihen würde – so erklären sich manche Afrikaner die Dominanz der Frau in weißen Beziehungen.

Das Herz als zentrales Organ und Sitz des Blutes wird als Zeichen des Respekts immer dem Vater oder Großvater gereicht. Man ehrt damit die Linie des Blutes.

Die Nieren gehen an die Mutter. Darin liegt die Ehrung ihrer Schmerzen und Mühen, die sie für Geburt und Aufzucht ihrer Kinder durchlitten hat.

Die Gebärmutter darf nicht verzehrt werden. Wer sie isst, gerät in Gefahr, unfruchtbar zu werden, denn er isst symbolisch seine eigenen Kinder. Dieses Organ ist den Karanga heilig.

Euter und Hoden dürfen nur von den Alten gegessen werden. Sollten junge Stammesangehörige diese Körperteile zu sich nehmen, würden ihre Organe ins Abnorme wachsen und eine zu große Lüsternheit hervorrufen. Eine Frau, die Euterfleisch zu sich nimmt, erhöht die Drüsentätigkeit ihrer Brust übermäßig stark.

Nieren für die Mütter, Hoden für die Alten

»Die Python findet dort ihre Nahrung, wo sie lebt«

Glaube, Liebe, Hoffnung

Es erscheint wenig überraschend, dass überall da, wo an Hexen und Schadzauber, also an die schwarze Seite der Magie geglaubt wird, Aphrodisiaka als Gegenzauber der weißen Seite auftreten. Da, wo böswillige Hexen mit Hilfe der schwarzen Magie Potenz oder Fruchtbarkeit der Menschen beeinträchtigen können, bedarf es nützlicher Liebeshilfsmittel. Und davon kennt Afrika eine Menge.

Aphrodisische Wirkungen sind nicht unbedingt wissenschaftlich nachweisbar – unabhängig davon, dass es für »aphrodisisch« auch keine Definition im engeren Sinne gibt. Alles passiert im Kopf, geprägt von Glaube, Liebe, Hoffnung, Vorstellung und Einbildung. Die Wirkung steht in direkter Abhängigkeit von Umgebung und Atmosphäre, in der Aphrodisiaka gesucht und konsumiert werden, und setzt ein hohes Maß an Offenheit voraus. Was also findet wirklich statt?

Der in der Tradition stehende Afrikaner konzentriert seine Kraft mit Hilfe magischer und religiöser Rituale und seines Glaubens. Er konzentriert seine Wünsche – und dies so intensiv, dass die Chancen, das gewünschte Ziel zu erreichen, allein dadurch deutlich steigen. Kaum anders funktionieren europäische Volksmedizin und auch moderne Therapien, etwa die des englischen Arztes Dr. Bach: Nicht die körperlich-materielle Wirkung entscheidet, sondern deren emotional-seelische Basis. Um was anderes kann es im Bereich der körperlichen Liebe und der Erotik gehen?

Im Gleichklang der Seelen

Der »Gleichklang der Seelen«, das Miteinander ist zentraler Sinn des Daseins, ihm widmet das überkommene Afrika viel Zeit und Aufwand in einer großen Anzahl (vielfach geheimer) Rituale, in denen noch unbekannte pflanzliche Leibes- und Liebesmittel zum Einsatz kommen. Vergleichbar ist die Intensität in emotionaler, geistiger und zeitlicher Hinsicht vielleicht dem Aufwand und der Leidenschaft, mit denen ein Mitteleuropäer sich seiner Arbeit widmet.

Jenseits der physiologischen Wirkung bestimmter Lebensmittel zeitigt vor allem der Glaube an die geheimen Kräfte der Natur und deren Wirkung, zeitigt das Gefühl zum Mitmenschen, neben dem man sitzt, den man begrüßt, mit dem man spricht, den man anlächelt oder küsst, mit dem man isst, die größte Wirkung – ansonsten wären die Aphrodisiaka nur ein Fall für das Betäubungsmittelgesetz.

Dieser Glaube drückt sich aus im Wort. Worte können beseelen, beleben. Den Nachteil einer nicht schriftlich fixierten Überlieferung für die Geschichtsschreibung wiegt der Vorteil der mündlichen Überlieferung, der *oral history*, für die gelebte Gemeinschaft mehr als auf. Schreiben ist, wie Lesen auch, ein einsames Handwerk. Geschichtenerzählen bedarf nicht nur des Erzählers, sondern auch der Zuhörerschaft; es bildet nicht nur Geist und Gemeinschaft, sondern entwickelt eine eigene sinnliche Dimension. Es sind diese Gelegenheiten, versammelt um den Tisch oder das Feuer, auf der Erde oder Bänken hockend, die das Erzählen der Geschichten aus Tausendundeinernacht erlauben; diese Gelegenheiten, bei denen man lernt, »sich in die Augen schaut«. »*Ifu nanya* – sich in die Augen schauen«, formulieren die nigerianischen Igbo, wo Europäer von Liebe sprechen.

Der afrikanische Kontext lässt es nicht zu, von Aphrodisiaka zu sprechen, wie wir sie oft nur allzu gerne verstehen würden: hier die Beschwerde, da das Mittel, dort die Wirkung. Im historischen Afrika konnte im engen Zusammenspiel zwischen Mensch und Natur eine solche eindimensionale, materialistische Einstellung gar nicht erst wachsen.

Die Inszenierung einer Mahlzeit

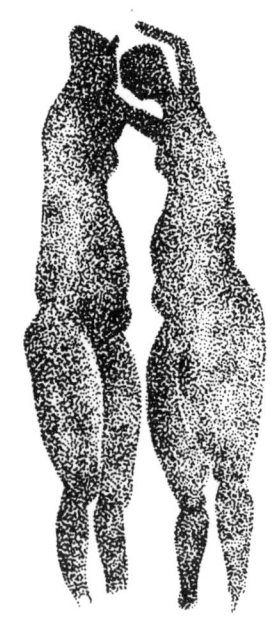

Dem afrikanischen Verständnis von Liebe und Sexualität liegt ein Verständnis von Leben und Welt zugrunde, das nicht wesentlich unterscheidet zwischen Symbol und Faktum. Sich von diesem ganzheitlichen Gefühl und Verständnis »eine Scheibe abzuschneiden« ist der größtmögliche Gewinn aus der Lektüre dieses Buches; zu akzeptieren und zu verstehen, dass letztlich durch alles der Strom einer großen Kraft fließt (man mag sie göttlich nennen oder menschlich, Isotopen und Elektronen bemühen, das alles sind nur Namen), der sich durch die Art der Zubereitung wecken und verstärken lässt. Allein beim Waschen, Schälen, Schneiden verändert sich die Energie der Lebensmittel, da der Koch etwas von seiner Energie abgibt. Deswegen schmeckt es auch »bei Muttern« am besten. Diese mütterliche Energie ist das entscheidende Argument dafür, mehr Zeit und Lust auf das Essen zu verwenden als lediglich eine Packung zu öffnen und die Mikrowelle zu betätigen. Das Essen beginnt mit der Jagd / dem Einkauf. Die Konzentration sollte sich auf Atmosphäre, persönliche Lust und Spaß bei der Vorbereitung und Inszenierung des Essens selber richten.

Helfen können die Gerüche eines »Liebes«- mahls, das Aroma des auf der Heizung stehenden Zitronenwassers, mit dessen Hilfe am Ende der Mahlzeit die Hände gereinigt werden, das gedämpfte, warme Licht, eine angenehme Musik. Die afrikanische Küche animiert, mit seinen Mitmenschen kleine sinnliche Feste zu zelebrieren.

Aber es gilt zu bedenken, dass die ernsthaftesten und ernst zu nehmendsten *nganga* sich immer bewusst sind, dass »die Python dort ihre Nahrung findet, wo sie lebt«. So wenig, wie sie daran glauben, dass die »weiße Medizin« in Afrika alles zum Besseren wendet, so wenig gehen sie davon aus, dass die »schwarze« in Europa viel ausrichten kann. Also sollte man nicht vergessen, dass jede Inszenierung zuerst dem Inszenierenden Lust bereiten muss.

Letztlich schätzen auch Afrikaner die Energie, die sich zwischen Menschen aufbaut, als das wertvollste Aphrodisiakum. Zu dem Zweck muss man Menschen treffen und sich ihnen aussetzen; ein gutes Essen und eine anregende Inszenierung bieten dazu die beste Gelegenheit.

Kleine, sinnliche Feste

Mit allen Sinnen kochen und genießen bringt ein Stück afrikanische Mentalität und Sinnlichkeit über die Küche in unser Leben. Unerheblich, was mehr Spaß bereitet: die Besorgungen, das Kochen, das Essen an sich oder die Erfahrung der Gruppe, in der es zubereitet und eingenommen wird. Die Küche Afrikas ist keine Singleküche, sondern eine gemeinschaftliche: für die gesamte Familie, für erwartete und unerwartete Gäste (viele Rezepte lassen sich mit den einfachsten Mitteln »strecken«); eine Küche, in der viele Köche den Brei nicht verderben. Hier darf und wird vielhändig gekocht – und natürlich gegessen.

Für Europäer gewöhnungsbedürftig, benutzen ganz selbstverständlich selbst Geschäftsleute in vornehmen Restaurants die rechte Hand zum Essen, besonders in den anglophonen Ländern. Nie wird mit der unreinen, linken Hand geges-

Kochtöpfe voller Magie

sen. Das Händewaschen vor der Mahlzeit stellt eine Art ritueller Handlung dar, mittels derer man sich auf das Essen vorbereitet, physisch wie psychisch.

Sinnenfrohe Schwelgerei

Auch afrikanische Essen sind im Alltag trist und in der Herstellung nicht immer unaufwändig, aber als Zeremonie ausgelassene, laute, lebens- und farbenfrohe, musik- und fetttriefende Schwelgerei oder intime, hautnahe, sinnenfrohe Veranstaltung; sie gehorchen fast immer einem strengen Ritual. Ihre Vorbereitung führt auf unübersehbare Märkte, die genutzt werden als sozialer Treff: eine Komposition intensiver Gerüche, Lärm und Hitze im Geschiebe der Menschenleiber und hartem Gefeilsche ums tägliche Überleben. Die Zubereitung findet bodennah, staubumweht als Gemeinschaftswerk der Frauen statt; zwischen Kindern, Schweinen, Ziegen werden Wurzeln und Früchte in Mörsern zerstampft, in Tiegeln und Töpfen gerührt, geschnitten und gehackt.

Der afrikanische Kochtopf ist angefüllt mit Magie, in der sich das Bestreben der Menschen ausdrückt, die Kraftquellen der Natur zu fassen und zu nutzen. Die Einordnung aller Lebensäußerungen unter die Hoheit der Magie hat in Afrika die Lust zu einer Schwester der Tugend gemacht.

Es gilt: Von den Afrikanern lernen heißt genießen lernen – je schärfer, desto lieber. In diesem Sinne: *Aklah Ta'iba – Bi sahitein – Yensa'ká* – Guten Appetit!

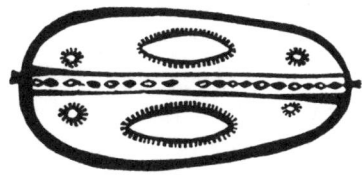

Einige afrikanische Lebens- und Liebesmittel

Die moderne Naturwissenschaft ist zu der dem afrikanischen Kontinent längst bekannten Erkenntnis gelangt, dass das Gehirn des Menschen wohl dessen zentrales Sexualorgan ist. Hier setzt auch die chemische Wirkung der Aphrodisiaka an. Denn die meisten »effektiven« Mittel enthalten Alkaloide, die das Hirn bewusstseinsverändernd stimulieren. Die bekanntesten dieser stickstoffhaltigen Stoffwechselprodukte sind Morphin, Atropin oder Cocain. Die meisten vermeintlichen Aphrodisiaka haben eine »Liebesbreitbandwirkung« mit blutverflüssigenden, blutdruck- oder kreislaufanregenden Folgen. Was den Kopfschmerz vertreibt oder die Thrombose verhindert, kann selbstredend der erschlafften Männlichkeit neuen »Auftrieb« verschaffen.

Andere Aphrodisiaka enthalten den menschlichen Hormonen vergleichbare Substanzen, ohne dass bisher nachgewiesen werden konnte, dass durch sie die Sexualität angeregt wird.

Alraune

»Feiere einen schönen Tag! Balsam und Wohlgeruch zusammen an deine Nase, Kränze von Lotus und Liebesäpfel (Alraune) auf deine Brust, während deine Frau, die in deinem Herzen ist, bei dir sitzt.« (Altägyptisches Liebeslied)

Die ursprüngliche Heimat der Alraune ist der Vordere Orient, erste Rezepturen finden sich auf ägyptischen Papyri überliefert. Neben Tollkirsche, Bilsenkraut und Stechapfel mischte man sie in diverse Liebestränke, die schon Cleopatra zu schätzen gewusst haben soll.

Bereits bei ihrer Ernte wird den magischen Kräften des jeweiligen Ortes und seiner Beschaffenheit Tribut gezollt. Vor dem Sammeln der Wurzel wird gewarnt: Werde sie von einem Unkundigen aus der Erde gezogen, so stoße die Wurzel einen markerschütternden und für den Sammler tödlichen Schrei aus.

Ob als Trank, Salbe oder Talisman, ihre berauschende Wirkung machte die Alraune zum weltweit begehrtesten Nachtschattengewächs. Ihren Mythos und Wert verdankt sie nicht zuletzt ihrer anthropomorphen Gestalt. Mit etwas Fantasie lassen sich an ihr die menschlichen Geschlechtsmerkmale entdecken.

Die Wurzel enthält hochwirksame Tropanalkaloide, Atropin und Cocain vergleichbar, die in der richtigen Dosierung stark erotisierend wirken können. Mögliche Nebenwirkungen beim Genuss der Giftpflanze sind Übelkeit und Mundtrockenheit, überdosiert sind die Alkaloide todbringend. Die dicke, fleischige Wurzel der Alraune wird bis zu 60 Zentimeter lang und regt seit dem Altertum als klassische Hexenpflanze nicht nur in Afrika die Vorstellung der Menschen an. Zahlreiche Legenden ranken sich um die Wurzel, die auch *Mandragora* (persisch für Liebeskraut) genannt wird.

In Afrika trinkt man sie in Palmwein eingelegt oder verarbeitet sie zu Salben und Tränken.

Austern

Sie gelten den Menschen seit der Steinzeit als erotisierende Delikatesse. Rezepte und mehr ab Seite 112.

Betelbissen

»So bleibt sie kurze Zeit stehen und kaut auf einem *betre*-Blatt. Das tut sie übrigens auch am Tage. Fast immer hat sie es im Munde... Es erzeugt einen Atem, der in hohem Maße zur Wollust reizt, und die Zahl derer, die das Blatt kauen, ist sehr groß. Es erholt und kräftigt zugleich, so dass es erneut zu den Freuden der Venus anregt.«(11)

Ostafrika kaut seit 2000 Jahren Betelbissen. Sie bestehen aus Samen, Blättern und Zweigen dreier verschiedener Pflanzen und bedürfen einiger Vorbereitung in der Herstellung. Die Früchte der Areka- oder Betelnusspalme und die Extrakte aus Blättern und Zweigen der Gambir werden in Blätter des Betelpfeffers eingeschlagen und abschließend mit Kalkmilch bestrichen. Gewürzt wird der Bissen mit Kardamom, Zimt oder Nelken.

Bilsenkraut

Das giftige Nachtschattengewächs befördert seit der Antike die Fähigkeiten von »Schwarzmagiern«. Hexen brauten aus dem hochwirksamen, alkaloidhaltigen Gewächs ihre Liebestränke. Oft fügten sie zermahlene Bilsenkrautsamen zu, um die halluzinogene und narkotische Wirkung zu erhöhen. Der Rauch der Samen und Blätter betäubt Zahnschmerzen und befördert erotische Stimmungen.

Buchu-Blätter

Die Blätter gehören zu den Rautengewächsen und können als Salat oder Tinktur zu sich genommen werden. Sie sollen die Durchblutung der Genitalien und damit die Libido steigern und die Prostata abschwellen lassen.

Pygmäenstämme essen die Blätter roh, um ihr Immunsystem zu stärken.

Dattelpalme

Die rotbraunen, zuckerreichen Früchte schmecken honigartig und sind, wenn sie reif werden, prall und weich. Rezepte und mehr ab Seite 105.

Ei

Eier gelten weltweit als Fruchtbarkeitssymbol, zum Beispiel in Osterbräuchen, und als Zeichen der Ewigkeit. Rezepte und mehr ab Seite 182.

Erdmandelmilch

Desserts sind in Afrika eher unüblich. Nur eines hat es zu einer gewissen Berühmtheit gebracht: die Erdmandelmilch *(Tigernut Milk* oder *Atadwe Merekye)*. Sie gilt als Aphrodisiakum und Liebesbotschaft. Denn in Ghana ist es Sitte, dass verliebte Frauen sie als Zeichen ihrer Zuneigung in Kombination mit einer Hauptmahlzeit an den Verehrten senden. Eine höfliche und diskrete Geste, die zudem ankündigt, dass sie ihn spätabends noch besuchen kommen will. Dem Beschenkten wird die Möglichkeit gegeben, sich durch den Genuss der Speise vorbereitend zu »kräftigen«. Leider ist die *Tigernut* in Europa nicht erhältlich und die Sitte somit nicht importierbar.

Feige

Feigen symbolisierten im Altertum den weiblichen Schoß und die Fruchtbarkeit. Afrikaweit gibt es eine ganze Reihe von Früchten, die den Feigen zugerechnet werden. Rezepte und mehr ab Seite 197.

Fliegenpilz

Der Fliegenpilz mit seinem roten Hut und den weißen Punkten kann sicher als einer der bekanntesten, weil auffälligsten Pilze gelten. Für die einen steht er mit den guten Göttern und Geistern in Verbindung, für die anderen mit den bösen. Heiler konsumieren ihn weltweit, um – zumeist in Kombination mit anderen Mitteln – in hellseherische und tranceähnliche Zustände zu verfallen. Wie Pilzen überhaupt wird ihnen eine aphrodisische Wirkung zugeschrieben, sicher nicht zuletzt aufgrund ihrer phallischen Form.

Geflügel

Die Größe selbst kleiner Vögel liegt in der Fähigkeit, von der die Menschheit jahrtausendelang nur träumen konnte: zu fliegen. Und in ihrer sexuellen Potenz – nicht zufällig führt sie das (deutsche) Volk im Mund, wenn es um den Beischlaf geht. Rezepte und mehr ab Seite 166.

Granatapfel

Granatäpfel sind ein Sinnbild der Liebe und Fruchtbarkeit. Aus dem Saft, der aus den die Samen umschließenden Hüllen gepresst wird, stellt man Grenadine her, die der Aromatisierung von Eisgetränken, Sorbets, anderen Süßspeisen und Cocktails dient. Schon den Ägyptern galt der Granatapfel als symbolträchtige Pflanze, die Unsterblichkeit, Jugendlichkeit, ewige Fruchtbarkeit, schöpferische Gestaltungskraft und unermessliche Fülle symbolisierte. Rezepte und mehr ab Seite 192.

Hanf

»Von Haschisch wird der Peniskopf gleich dem Amboss; / wie er auch sei – er wird zweimal so groß. / Das Haschisch ist es, das dem Verstand Erleuchtung bringt; / (doch) zum Esel wird, wer ihn wie Futter verschlingt. / Ich halte jeden für eines Esels Arschmitte, / der sich unser Hanfkorn zur Lust nicht erkor.« So wusste es ein arabischer Literat, vermutlich im 8. Jahrhundert. (12)

Hanf, eine der ältesten Kulturpflanzen der Menschheit, hat nicht nur als nützliche Faserpflanze, sondern auch als lustvolles Rauschmittel und aphrodisisches Stimulans seinen Siegeszug durch die Welt angetreten. Überall dort, wo er wächst, wird er – häufig in Kombination mit einem Nachtschattengewächs – zur Steigerung des erotischen Empfindens benutzt. Haschisch und Marihuana (in Europa bekanntlich verboten) enthalten wirkungsvolle Cannabinole, deren bekanntestes Δ9-THC ist.

Honig

»Willst du Kräfte zum Beischlaf erlangen, so nimm Früchte des Mastix-Baumes, mahle sie und vermische das Pulver mit Öl und Honig, dessen Schaum entfernt wurde. Nimm das Ganze in nüchternem Zustand: Dann wirst du Kraft für den Beischlaf erhalten, auch wird sich reichlich Samen bei dir bilden …

Ein Gelehrter namens Djenilouss hat gesagt: ›Wer sich zum Beischlaf nicht stark genug fühlt, trinke vor dem Einschlafen ein Glas dicken Honig, auch soll er zwanzig Mandeln und hundert Fichtensamen essen. Das soll er drei Tage lang tun.‹« (13)

Honig, dem in einem Text von 1850 diese Wirkung zugeschrieben wurde, darf in vielen aphrodisischen Getränken und Universalheilmitteln nicht fehlen. Schon aus rein geschmacklichen Gründen ergänzte er Gemische aus Nachtschattengewächsen, Baumrinde oder giftigen Kröten. Auch Met oder Honigwein, in Ostafrika jahrhundertelang dem Herrscher und seinen Gästen vorbehalten und heute bei festlichen Anlässen ein unverzichtbares Getränk, fördert, mit Bilsenkraut angereichert, erotische Fantasien.

Weltweit werden seit Jahrtausenden viele Bienenprodukte, etwa Weiselfuttersaft, Gelée Royale und Bienengift, als Heilmittel eingesetzt und sollen unter anderem gegen Unfruchtbarkeit und Impotenz helfen.

Arabischen Scheichs wurde nachgesagt (was wird ihnen nicht nachgesagt?), sie ließen gleich die ganze Haremsdame mit Honig bestreichen und sie anschließend durch ein blühendes Hanffeld laufen, damit Pollen und Blüten an ihrem Körper hängen bleiben. Anschließend ließen sie sich die Dame als Leckerei zum Nachtisch kredenzen… Erzählt man(n).

Horn

Seit Jahrhunderten gehört das pulverisierte Horn (und manchmal auch das Fleisch) des Spitzmaulnashorns zu den begehrtesten und teuersten Aphrodisiaka. In Ostasien werden Preise von bis zu ein paar Tausend Dollar pro Kilogramm gezahlt. Diesen Preis – und damit vielleicht auch seinen eigenen Untergang – hat sich das Tier »zusammenkopuliert«: Seine Kraft und Fähigkeit, sein Weibchen stundenlang zu begatten, führte wohl zu dem Glauben, sein Horn sei ein äußerst wirkungsvolles Aphrodisiakum.

Iboga

»Individuum und Gemeinschaft, Leben und Tod, verschmelzen in mystischer Einheit und aphrodisischer Liebe. Impotente werden geheilt.« (14)

Die Wurzel des Ibogastrauchs enthält den psychedelischen Wirkstoff Ibogain und wird zu den nachweisbar wirksamen Aphrodisiaka gezählt. Afrikaner verwenden sie kultisch in Form geraspelter Rinde bei Initiationsfeiern, um »den Kopf aufzubrechen«. Im Iboga-Rausch soll die Seele ins Land der Ahnen wandern. In der westafrikanischen Mythologie – und damit auch im westafrikanischen Magen – vereint sich mit dem phallusförmigen Pilz Duna und der Ibogawurzel das männliche mit dem weiblichen Prinzip.

Besonders in den geheimen Einweihungszeremonien etwa des Bwiti-Kults hat die Ibogawurzel eine hohe Bedeutung. Die Initiandinnen müssen bei dieser Gelegenheit, in einer Runde sitzend, große Mengen der Wurzel kauen und werden mit Hilfe der psychedelischen Wirkung auf eine »Zeitreise« geschickt. Sie sollen dabei den Kontakt zu den Ahnen aufnehmen und so Sinn und Zweck ihres Lebens erkunden. Wie bei anderen Religionen, die aus der direkten Auseinandersetzung des Menschen mit der Natur hervorgegangen sind, steht die Verehrung der Ahnen im Mittelpunkt des Ifa-Glaubens, des westafrikanischen Ursprungs des Voodoo.

Kaffee

In arabischen Ländern wird der Kaffee gern mit Ingwer gewürzt, der selber schon seit Jahrhunderten den Ruf eines Aphrodisiakums genießt: »Hat ein Mann ein kleines Glied, das er vergrößern oder für den Akt kräftigen will, so soll er es vor der Vereinigung mit lauem Wasser einreiben, bis es rot wird und durch den von der Erwärmung herbeigeführten Blutzufluss sich genügend bläht. Dann bestreiche er es mit Honig und eingemachtem Ingwer und reibe es kräftig. Ist es so weit, nähere er sich der Frau.« (15)

Kaffee als Aphrodisiakum wird zudem versetzt mit Honig und Kardamom: »Die Körner werden gekaut, um den Mund zu erfrischen. Vergessen wir nicht, dass einer der schlimmsten Feinde der Erotik der schlechte Atem ist.« (16)

Die Heimat des Kaffees liegt in der äthiopischen Provinz Kaffa. Im 14. Jahrhundert gelangte er von dort in den Jemen, wo er seinen arabischen Namen Qahweh erhielt. Erst im 13. Jahrhundert ging man dazu über, ein heißes Getränk aus den gerösteten Bohnen herzustellen, das afrikanische Sufis seiner belebenden Wirkung wegen zur Meditation tranken. Bis dahin war über viele Jahrhunderte das Kauen der Kaffeebohne der einzig bekannte Kaffeegenuss – alternativ wurde sie zerquetscht und mit Butter vermengt gegessen. Der Konsum sollte der allgemein besseren Durchblutung dienen.

Karité- oder Shea-Butter Zum Buttermachen werden die pflaumenartigen, an Bäumen wachsenden Nüsse gekocht, von ihren Schalen befreit, geröstet und in großen Mörsern fein gestampft. Das so gewonnene Nussmehl wird in Wasser erhitzt und so lange gerührt, bis das Öl aufsteigt und abgeschöpft werden kann. Beim Erkalten verfestigt es sich. Die Butter findet als Nahrungs- und Heilmittel, Brennstoff für Lampen, Basisöl für Kosmetik und Grundlage diverser Liebesmittel Verwendung und wird bei Initiationsriten eingesetzt.

Die Butter macht die Haut weich. Zudem wird sie als Gleitmittel geschätzt und dient als

Sonnenschutz. Als eines der beliebtesten Pflanzenfette wird sie in der afrikanischen Küche und Kosmetik verwendet und lässt Haut und Haare glänzen und geschmeidig erscheinen. Da Shea-Butter in ihrer Konsistenz Sperma ähnelt, wird sie mit männlicher Fruchtbarkeit assoziiert.

Auch wenn er vielen stinkt, steigert Knoblauch das Temperament und beugt Alterserscheinungen und Arterienverkalkungen vor. Rezepte und mehr ab Seite 157.

Knoblauch

Wie so oft, wenn es um die Beförderung der Liebeskraft geht, heißt es hier zuallererst: »Function follows form«. Rezepte und mehr ab Seite 134.

Kochbanane

Eine vielseitig verwendbare Nutzpflanze, die sich nicht nur mit Hilfe ihrer Fasern zum Knüpfen von Seilen und Teppichen, sondern im Rahmen des gemeinsamen Verzehrs auch von Kontakten verwenden lässt. Rezepte und mehr ab Seite 98.

Kokospalme

Die Heimat der Kolanuss, deren Früchte bis zu drei Kilogramm schwer werden, ist das tropische Westafrika. In einer dicken schleimigen Schicht befinden sich die Samen.
    Die Kolanuss, obwohl unscheinbar, rötlich und sehr bitter, gilt als eine der wichtigsten Pflanzen Westafrikas und als »Speise der Götter«. In allen Ländern und Regionen kommt ihr eine kultische Bedeutung zu. Bei hohen Festen, zur Begrüßung bedeutender Gäste und zu Beginn wichtiger Gespräche verteilt sie der Gastgeber. Besucher sollten ein angebotenes Kola-Stück keinesfalls zurückweisen, da dies als schwere Beleidigung aufgefasst werden kann. Auserwählten werden sie als Unterpfand der

Kolanuss

Liebe zugespielt, bei Verträgen zur Versicherung getauscht, bei rituellen Handlungen genutzt und wegen ihrer stimulierenden Wirkung gekaut.

Jahrhundertelang waren die Früchte nur den Göttern vorbehalten und durften von normal Sterblichen nicht verzehrt werden. Erst in jüngerer Zeit werden die Früchte geerntet und als Zaubermittel und Aphrodisiakum eingesetzt. In der westafrikanischen Volksmedizin werden Kolanüsse gegen Erschöpfung, Fieber, Migräne und Erbrechen genutzt.

Koriander

In der afrikanischen Küche wird im Gegensatz zur europäischen nicht nur der Samen, sondern auch das Kraut des Korianders verwendet. Er lässt sich zu Hause im Garten oder auf dem Balkon im Blumenkasten ziehen. Rezepte und mehr ab Seite 77.

Leberwurstbaum

Er wird nach den bis zu 60 Zentimeter großen Früchten benannt, die wie gewaltige Penisse aussehen. Mit Wasser verdünnt und aufgekocht, sollen sie äußerlich angewandt dem Wachstum der Brüste junger Mädchen oder getrunken als Aphrodisiakum dienen.

Mandeln/Erdnüsse

Mandeln haben, wie Erdnüsse, in der afrikanischen Liebesküche einen festen Platz. Milch aus Mandeln und Honig ergibt ein wirksames Liebesgetränk. Zur Kräftigung empfiehlt sich, Honig mit 20 zerriebenen Mandeln und 100 Pinienkernen vermischt einzunehmen (siehe Honig).

Menschenfleisch

Das eine oder andere mehr oder weniger begründete Ritual geht davon aus, dass die Natur den Hunger vor die Sexualität gesetzt hat. Die für Einzeller existierende Variante, »zwei Fliegen mit einer Klappe zu schlagen« und den Sexualpartner zu verspeisen, um den Hunger zu befriedigen und sich fortzupflanzen, liegt nicht in der menschlichen Natur. Und dennoch: Gerade das Christentum tradiert mit Christi Aufforderung, »nehmet, esset, das ist mein Leib … trinket, das ist mein Blut«, den uralten Brauch des Menschenopfers und knüpft an die Vorstellung an, über die Substanz des Verzehrten die in ihm wohnenden (auch sexuellen) Kräfte aufnehmen zu können.

»Es gibt kein Ding noch Speise, die der Ernährung des Menschen zuträglicher wären denn das menschliche Fleisch, wenn da nicht die Abscheu wäre, den die Natur davor hat.« (Giacomo Manfredi, 15. Jahrhundert) Dieser Meinung aus dem Mittelalter stehen, für die europäische Selbst- und Fremdeinschätzung eher unerwartet, viele mit dem Kannibalismus gänzlich unvereinbare Rituale und Traditionen Afrikas gegenüber: So ist der tote menschliche Körper den Karanga heilig, der Verzehr von Menschenfleisch steht bei ihnen unter Bann. Kannibalismus wird ausschließlich von den Schwarzmagiern praktiziert, da in der Vorstellung der Karanga nicht nur der fremde Körper, sondern mit ihm auch dessen Seele und ein Teil seiner Geschichte, seine Ahnen aufgenommen würden – ein absolutes Tabu.

Mohn

»Eine andere Wirkung des durch Opium bewegten Bluts ist eine erweckte oder vermehrte Begierde zum Beyschlafe, die so groß ist, dass sie auch selbst von Greisen empfunden wird; und die Steifung der männlichen Rute hat sogar bey den in Schlachten umgekommenen Türken noch fortgedauert; auch nächtliche Samenentgehungen pflegen unter geilen Vorstellungen zu erfolgen. Eine zu große Gabe aber macht die Männer zum Beyschlaf unfähig.« (Johann Georg Krünitz, 1774)

Mohn gehört zu den ältesten Kulturpflanzen der Menschheit. Aus dem Milchsaft des ehemals den Göttern geweihten Krautes wird Opium (das griechische *opós* bedeutet Saft) gewonnen – Arznei, Aphrodisiakum und Droge mit narkotisierenden und anregenden Eigenschaften. Opium enthält ein komplexes Gemisch von Alkaloiden, deren bekanntestes Morphin ist. Auch Codein, Thebain, Papaverin und Narcotin tragen zu seiner Wirkung bei.

Die Heilwirkung des eingedickten Fruchtsaftes erkannten die Araber vor rund 4500 Jahren. Sie brachten die »Freudenpflanze« zu Griechen, Indern und Chinesen, die sie sogleich mit Sex assoziierten.

Opium lässt sich rauchen oder essen. Verschiedenartige Kulturen kannten verschiedenartige Zutaten – etwa diverse Nachtschattengewächse, Gewürze, Wein und andere Alkoholika –, um die Wirkung des Opiums zu optimieren und seine unerwünschten Nebenwirkungen abzuschwächen.

Muschel

Die zweischaligen Weichtiere enthalten Eiweiß, Fett sowie wichtige Mineralien und werden gerne frisch und roh gegessen. In vielen Sprachen und Kulturkreisen sind die Begriffe für Vulva und Muschel identisch, entsprechend universelle Bedeutung erlangte die Muschel als Liebesmittel. Rezepte und mehr ab Seite 112.

Muskatnuss

»Aussicht auf Heilung haben jene Männer, deren Impotenz entweder auf einem verdorbenen Samen beruht, die durch ihre angeborene Zeugungsunfähigkeit oder durch organische Erkrankungen, durch Ausflüsse, fieberhafte Zustände und andere ähnliche Übel bedingt sein kann, oder auf zu schnell eintretende Ejakulationen. Solche Männer sollen anregende Pasteten essen, gewürzt mit Honig, Ingwer, Bertram, Essigsirup, Nieswurz, Knoblauch, Zimt, Muskatnuss, langem Pfeffer und anderen Gewächsen. Dann werden sie geheilt werden. Was die andren angeführten Übel betrifft: Verbiegungen des Harnkanals, ein zu kleines Glied, Blasengeschwüre und jene Zustände der Schwäche, die den Beischlaf verhindern, so kann nur Allah sie heilen.« (17)

Muskatnuss, kultiviert in allen tropischen Zonen, ist wider Erwarten keine Nuss, sondern ein Same. Seit dem 16. Jahrhundert zählt sie zu den begehrtesten Gewürzen, nicht zuletzt aufgrund ihrer anregenden und die Sinne belebenden Wirkung. Diese beruht auf einem hohen Bestandteil an Myristicin im ätherischen Öl der Muskatnuss. Es wirkt berauschend, wobei die Wirkung erst nach ein bis fünf Stunden einsetzt, aber bis zu zwölf Stunden andauern kann. Besonders ein Vollbad in ätherischem Muskatöl wirkt anregend. Myristicin bildet die Ausgangssubstanz für die Modedroge der neunziger Jahre MDMA (Ecstasy).

Niando

Der in den afrikanischen Regenwäldern vorkommende Busch ist noch weitgehend unerforscht. Als Aphrodisiakum wird die in Palmwein eingelegte Rinde getrunken, in der das Alkaloid Yohimbin entdeckt wurde. In magischen Ritualen wird sie entweder zusammen mit Iboga oder als deren Ersatz verwendet.

Okra

Okra hat einen milden Geschmack und sieht Bohnen ähnlich. Ursprünglich ein asiatisches Malvengewächs, werden Okras mittlerweile in allen tropischen Gebieten der Welt angebaut. Ihre Früchte sind hellgrüne, sechskantige, etwa zehn Zentimeter lange Schoten, die Peperoni ähneln. Im Geschmack sind sie mild und bohnenähnlich. Okras werden auch Gombos oder

Ladyfinger genannt. Rezepte und mehr ab Seite 140.

Pfeffer

In Europa musste jahrhundertelang derjenige eine (Zimt-)»Stange« Geld aufwenden, der sich die »gepfefferten« Preise für Gewürze leisten wollte. Es war kein schlechtes Leben als »Pfeffersack«, wie die Kaufleute und Spekulanten rund ums Gewürz hießen, die für sich reklamierten, dem ältesten Gewerbe der Welt nachzugehen, denn damals galt: »Gold folgt dem Pfeffer«. Die Welt war den meisten eine Scheibe, die Wege in die Regionen, in denen »der Pfeffer wuchs« (Indien, Indonesien und Afrika), waren weit und oft ohne Wiederkehr, die Risiken hoch. Nicht umsonst wünschten manche sich ihren nervenden Nächsten dorthin... Aber Pfeffer hat durchaus seine guten Seiten und interessanten Wirkungen. Rezepte und mehr ab Seite 64.

Qat

Der Qatkonsum unterliegt einem strengen Ritual. Die Männer (heute auch Frauen) am Horn von Afrika, in Teilen Arabiens und im Jemen pflücken die frischen Blätter vom Zweig. Dann versammeln sie sich in der Dämmerung und beginnen zu kauen. Zum Abschluss wird ein Schluck Wasser getrunken. Die Blätter enthalten anregende und betäubende Alkaloide wie Cathin, eine Art Mischung aus Koffein und Morphium. In geringen Mengen genossen vertreibt das Kauen der Blätter die Müdigkeit und den Hunger, mindert den Durst und versetzt den Kauenden in euphorische Stimmung.

In der Runde wird, ähnlich dem deutschen Stammtisch, die Weltlage erörtert. Da heute auch in diesem Teil der Welt die Geschlechtertraditionen nicht mehr so strikt gehandhabt werden, kann man Qat durchaus zu den Aphrodisiaka zählen. Denn früher waren die Runden bei den Frauen unter anderem deswegen nicht beliebt, weil das Qatkauen zwar euphorisiert, die Wirkung sich aber nach ein paar Stunden in das Gegenteil verkehrt und die Männer in jeder Hinsicht müde nach Hause kommen ließ – auch dies sicher eine Gemeinsamkeit zum deutschen Stammtisch.

Safran

Dem Safran wird eine aphrodisierende, herzstärkende und kräftigende Wirkung zugeschrieben. Er soll erregende Gefühle wecken und zu einem langen und unbeschreiblich schönen Orgasmus führen. Rezepte und mehr ab Seite 87.

Schnecke

Auch wenn ihnen keine pharmakologische »Liebes-Wirkung« nachgewiesen werden kann, hält sich der Glaube daran hartnäckig – ähnlich dem bei Muscheln. Rezepte und mehr ab Seite 112.

Schraubenpinie

Die an einen erigierten Penis erinnernden Wurzeln der Schraubenpinie gelten auf den Seychellen als Aphrodisiakum. Sie werden ausgekocht und der Sud getrunken. In den Früchten des Baumes entdeckten Forscher das psychedelisch wirkende DMT.

Senf

Das europäische Mittelalter verbat Mönchen den Konsum von Senf, da die Hüter der Moral befürchteten, er würde deren Sinnlichkeit anstacheln und sie zu unzüchtigen Handlungen motivieren. Schon der Römer Plinius war davon überzeugt und notierte, dass drei Blätter von weißem Senf, mit der linken Hand gepflückt, in Honigwasser getrunken, die Leidenschaften anheize. Auch in Afrika wird Senf von alters her als potenzfördernd gehandelt.
   Die Körner enthalten das leicht giftige Senföl, das die Schleimhäute stark reizen kann. Unterschieden werden drei Arten: schwarzer, indi-

scher und weißer Senf. Der schwarze hat das beste und intensivste Aroma.

Spanische Fliege

Erwähnt allein der Vollständigkeit halber, da die Spanische Fliege – eigentlich ein Käfer – nicht wirklich zu den Lebensmitteln gezählt werden kann. Aber den aus einem ägyptischen Papyrus bekannten Käfer handelt die Welt seitdem als das wirksamste Aphrodisiakum der Menschheitsgeschichte. »Eine einzige dieser Pillen kann in genau neun Minuten jeden Mann, selbst einen Greis, in eine wunderbar funktionierende Sexualmaschine verwandeln, die imstande ist, seine Partnerin sechs Stunden lang ohne Pause zu befriedigen – ausnahmslos.« (18)

Mittlerweile in Europa wegen der drastischen Nebenwirkungen verboten, ist sie nur noch in homöopathischen Dosen zu erhalten. Allein in Mexiko und Marokko kann man sie noch im Handel erwerben.

Tee

Tee, ähnlich wie Kaffee ein bedeutendes Genussmittel, hat sich, kombiniert mit anderen Zutaten wie Gewürzen, Wein, Ginseng oder Opium, den Ruf eines Aphrodisiakums erworben. Je kürzer die Aufgusszeit, desto anregender seine Wirkung.

»Ich sagte gar nichts, aber mir lief der Schweiß den Rücken herunter; und meine Knie zitterten. Immerhin das Essen war exquisit und der Tee – lauwarm und sehr süß und mit einer Spur Minze oder Jasmin – war erfrischend. Mahmoud nahm eine Olive und steckte sie mir in den Mund... Mit leiser Stimme, fast flüsternd zählte er alle meine Reize auf, verglich mich mit dem Mond und den Sternen der Wüste...« (19)

In Ostafrika bereitet man schwarzen Tee zu, indem man in einer Kanne Wasser zum Kochen bringt, eine Zimtstange sowie zwei bis drei Gewürznelken beifügt und alles zehn Minuten kocht. Zuletzt werden die Teeblätter zugegeben und kurz mitgekocht. Die Kanne wird vom Feuer genommen, und der Tee zieht, bevor er abgeseiht und serviert wird.

Trüffel/Zauberpilz

Für Trüffel gilt, was für Pilze allgemein gilt: Es sind die Phallen der Erde. Als echte Rarität aber sind sie die Pilze unter den Pilzen: »Sein königlicher Geschmack wird alle Schwierigkeiten und Probleme auflösen«, hieß es bei der französischen Schriftstellerin Colette.

Trüffel wachsen unterirdisch zwischen Eichenbäumen in der Dordogne, dem Elsass und der Provence, in Italien und in Nordafrika.

Vor allem weibliche Schamanen nutzen Zauberpilze rituell. Baumpilze gelten als Urmutter des Lebens. Der weltweit vorkommende und »Fleisch der Götter« genannte Pilz wird von Schamanen und Hexern verzehrt, um in Trance zu fallen, Visionen zu empfangen und so in Kontakt mit den Göttern zu treten. Die psychedelisch wirksamen Tryptamine Psilocybin und Psilocin erzeugen erotische Gefühle, ähnlich einem den ganzen Körper durchflutenden Orgasmus.

Wein

Wein, fraglos eines der weltweit bedeutendsten Rauschmittel, dient oft rituellen Zwecken wie dem Erreichen der Euphorie. Als Aphrodisiakum und heiliges Getränk wird Wein seit alters her gepriesen. Cleopatra soll ihm für ihre Vereinigung mit Europa in der Person des römischen Imperators Julius Cäsar und für die totale Enthemmung Rohopium und einige Nachtschattengewächse beigemengt haben. Andere reicherten ihn mit Fliegenpilzen an.

Wermut

Die Zweige des Wermut, eine der ältesten Heilpflanzen in der gynäkologischen Volksmedizin, dienten dem Liebeszauber. Die getrockneten Blätter werden als Ersatz für Marihuana geraucht. Das Kraut enthält den psychedelisch anregenden Wirkstoff Thujon, der auch toxisch wirken kann.

Yams

Die Yamswurzel ist die Königin der westafrikanischen Nutzpflanzen und hat eine vielfältige mythische und rituelle Bedeutung. Yams sind Bestandteil der täglichen Ernährung, haben eine dicke, raue Schale und ähneln Baumstämmen. Rezepte und mehr ab Seite 126.

Yohimbébaum

Im Urwald der Überlieferung der Pygmäen, der Buschmänner sowie der Bantu sprechenden Bevölkerung bildet der Yohimbébaum das Dschungeldach. Die Rinde des vor allem in den westafrikanischen Regenwäldern wachsenden Baumes gehört zu den hervorragendsten Mitteln afrikanischer Fetischpriester und Zauberer. Sie wird für Hochzeitsrituale und als Stimulans bei rituellen Orgien benutzt. Überlieferungen berichten davon, dass diese sich über zehn Tage und länger hinzogen. Da in den stark hierarchisch gegliederten überkommenen Stammeskulturen die bedeutendsten Mitglieder des Stammes ihre Position immer wieder verdienen und ihre Größe und Stärke sowie Zeugungsfähigkeit öffentlich unter Beweis stellen mussten, standen sie vor einer durchaus auszehrenden Aufgabe. Vorstellbar, dass manch einer »in den Lenden« schwächelte und verzweifelt nach Halt suchte. Die Krücke aus der Rinde des Yohimbébaumes zeigte in dieser Notlage offenbar stützende Wirkung. Dessen aphrodisisches Potenzial überzeugte schließlich – und das bis heute – die ganze Welt: Im 19. Jahrhundert, als viele europäische Nationen nach Afrika drängten, lernten sie Naturheilkunde und Liebes-Stimulantia der Afrikaner kennen. Die Bedeutung des Yohimbébaums wuchs, er avancierte zum »Potenzholz« und »Liebesbaum«.

Ausgehend von Namibia gelangte er um die vorletzte Jahrhundertwende auch nach Deutschland – um dort erst einmal gründlich untersucht zu werden. Die Forscherzunft entdeckte in ihm ein Alkaloid und taufte es auf den nahe liegenden Namen Yohimbin. Der Test an wehrlosen Insassen von Nervenheilanstalten löste aufgrund des gewünschten Erfolges – lange, harte Erektionen – weltweites Interesse aus, und schon bald konnte der Bedarf an Yohimbin nicht mehr gestillt werden. In den Hauptlieferländern Kongo und Kamerun ließen die Kolonialherren Yohimbébaum-Plantagen anlegen.

Dennoch konnte auch die industrielle Extraktion den Bedarf an Yohimbin für den boomenden Handel in Europa kaum befriedigen. Noch heute werden viele Präparate für den Erotik-Markt auf der Basis von Yohimbin hergestellt, da sich wissenschaftlich nachweisen ließ, dass durch dieses Alakaloid der männlichen Potenz tatsächlich aufgeholfen wird.

Die amerikanische Food and Drug Administration verlieh »dem einzigen nachweislich aphrodisisch wirksamen Mittel« (Christian Rätsch) in den achtziger Jahren des 20. Jahrhunderts schließlich mit einem Verbot aus »moralischen Gründen« den endgültigen Ritterschlag.

Nutzer der afrikanischen Liebesdroge berichteten: »Die erste Wirkung besteht aus einer lethargieähnlichen Gliederschwäche und unbestimmter Unruhe, ähnlich den Anfangswirkungen des LSD. Kalte und warme Schauer laufen den Rücken auf und ab, begleitet von einem leichten Schwindelgefühl und von Übelkeit. Danach kommt es zu einem entspannten, etwa rauschähnlichen Gefühl in Kopf und Körper, das mit leichten auditiven und/oder visuellen Halluzinationen einhergeht. Darauf erreicht es die Spinalganglien, was die Erektion der Geschlechtsorgane bewirkt.« Oder etwas sinnlicher: »... warme Schauer entlang der Wirbelsäule ... eine Körperempfindung, als käme es zur Verschmelzung mit dem Leib des anderen ...« Auch in Deutschland wird ein Verbot von Yohimbin diskutiert – aufgrund medizinischer Bedenken. Wie auch nicht? Schließlich liegt das gesellschaftliche Ziel der Industrienationen nicht im lustvollen Zusammenleben ihrer Bevölkerung ...

Yohimbétrank

Für die Rinde des Yohimbé gilt: »Weniger ist mehr«. Eine Überdosierung sollte man unbedingt vermeiden, da sie schlimmstenfalls zum Herzstillstand führen kann.

Eine Hand voll Yohimbérinde in 1 l Wasser aufkochen. Vom Herd nehmen und 1 EL Vitamin C (Pulver) zugeben. Es erleichtert die Löslichkeit des Yohimbin und verbessert dessen Wirksamkeit. 10 bis 15 Minuten ziehen lassen. Abgießen und langsam trinken.

Zitronengras

Zitronengras kann als Speisegewürz oder Tee genossen werden. In Westafrika werden die Blätter abgekocht und der Sud als Spülung verabreicht, um Fieber, allergische Reaktionen oder Geschlechtskrankheiten zu heilen beziehungsweise dem Liebestrieb aufzuhelfen.

Zwiebel

Die Zwiebel ist ein wahrer Tausendsassa unter den Lauchgewächsen. Sie soll Magen und Herz schützen, die Liebes-, Seh-, aber auch Kampfkraft stärken. Sie hat blutzuckersenkende, harn- und tränentreibende Wirkung, verdünnt das Blut und senkt damit das Risiko von Thrombosen und Infarkten. Rezepte und mehr ab Seite 150.

Gerichte und Geschichten

Kuskus mit Gongo
Literarische Vorspeise

*A*h! Ousmans Gesicht glättete sich. Er ließ sich von seiner Liebe ganz durchfluten. Er streckte seine Hand aus und presste Ouleymatous Hand. Seine Hand war heiß, zitternd vor unterdrücktem Verlangen. Ouleymatou bebte bei dieser Berührung. Sie sahen sich an. Und es war Ouleymatou, die sich in unaufrichtiger Verschämtheit aus der Umklammerung löste.

»Ich habe viel zu tun zu Hause.«

»Doch nicht so viel, dass du nicht einen guten Kuskus mit Fisch für mein Abendessen zubereiten könntest? Ich möchte ihn scharf, mit nicht zu viel Tomaten!«, sagte Ousman. Er öffnete sein Portemonnaie und suchte einen Geldschein heraus.

»Wieder ein Blauer!«, dachte Ouleymatou.

»Nimm das für die Ausgaben. Vergiss nicht, Oba und Yaboye (grätenreiche Meeresfische) mitzukochen«, wies Ousman sie an.

»Ich weiß, dass du dafür schwärmst«, sagte Ouleymatou. »Aber Vorsicht mit den Gräten! Hast du den Tag vergessen, als eines von diesen winzigen Grätchen in Ousseynous Hals geraten war und nicht mehr herauswollte?«

Ousman, rätselhaft: »Nein, ich habe nichts vergessen.«

Und wirklich, er hatte nicht vergessen.

Triumphierend, mit hüpfendem Herzen, machte Ouleymatou sich auf den Rückweg über die beiden lärmenden Straßen.

Bei ihrer Rückkehr nach Usine Niari Talli zeigte Ouleymatou ihrer Mutter strahlend den blauen Geldschein: »Ousman Gueye isst heute Abend hier. Bitte Tante Awa, meine kleine Schwester zu sich zu nehmen. Du, du bist an der Reihe, du bist kein Problem für mich.«

Ouleymatou zog den rosa Bubu aus. Sie kaufte Ajax und Seifenpulver und machte sich daran, das Zimmer ihrer Mutter *zu schrubben und zu putzen. »Die Toubabs (Weiße – Ousman ist mit einer Weißen verheiratet) sind sehr sauber«, sagte sie sich immer wieder, und sie wollte in diesem Punkt nicht enttäuschen.*

Sie bürstete, wischte, schüttelte, glättete. Ein weißes Laken für das Bett. Das Weihrauchfässchen wurde mitten im Zimmer aufgestellt. Das Verspritzen von kölnisch Wasser in alle vier Ecken des Zimmers verfeinerte noch die Atmosphäre. Sie schloss die Tür hinter sich. Sie nahm den Kuskus von den Vorräten ihrer Mutter, feuchtete ihn an und knetete ihn durch, ehe sie ihn über Dampf im Kuskustopf garte. Sie wählte auf dem nahen Markt zwei Stücke Thiof (ein von den Senegalesen sehr geschätzter Meeresfisch) und bohrte tiefe Löcher in den Fisch, um sie mit einer Farce aus im Mörser zerstoßener Petersilie, Zwiebel, Knoblauch, Piment, Lorbeerblatt und Salz zu füllen. Dicke rote Tomaten gaben der Sauce Konsistenz, in der Maniok, Stücke eines Kohlkopfes, Möhren, weiße Rüben und eine Scheibe Kürbis kochten. Der Kuskus quoll über dem Dampf auf und wurde weich. Ouleymatou schüttete ihn in eine Kalebasse und zerkrümelte ihn mit den Fingern, wo er zusammengeklebt war. Sie streute Pulver von zerstoßenen Baobabblättern darüber, um ihn weich und locker zu machen, und tat die Mischung erneut in den Kuskustopf, der auf dem Herd wartete.

Sachverständig prüfte sie Salzgehalt und Geschmack der Sauce mit ihrem rechten Zeigefinger, den sie mit einer schnellen Bewegung in den kochenden Topfinhalt tauchte und wieder herauszog. Ihrer Mutter, die ihr zusah, rechnete sie ihre Ausgaben vor: »Es bleiben viertausend Francs übrig.«

»Gib sie ihm heute Abend zurück. Wer viel will, nimmt wenig. Das wird einen guten Eindruck auf ihn machen«, riet die erfahrene Frau.

Ouleymatou ging in die Duschecke. Dort pflegte sie ihren Körper mit seifigem Seegras. Oh! Ihr Körper! Sie wusch ihn, cremte ihn ein, parfümierte ihn. Sie beschäftigte sich mit ihm – er war ihre Verführungswaffe.

Lange genug hatte sie ihre Jugend bei den »alten Frauen« vertrödelt. Ihre Freundinnen vom Brunnen an der Ecke hatten geheiratet, eine nach der anderen. Sie hatten den ersten

Bewerber akzeptiert, dazu ermutigt oder auch nicht. Die Kürze ihrer Ehe hatte sie wieder zurückgestellt in den Kreis der unverheirateten Frauen. Es wurde Zeit, dass sie diesen Kreis endgültig verließ, um ihren Träumen gemäß voll und ganz in die Welt der Erwachsenen einzutreten. Sie schickte eilends einen ihrer kleinen Brüder zum Haus von Mabo, dem Griot und Khalam-Spieler des Viertels: »*Sag ihm, dass ich einen besonderen Gast habe.*«

Als Ousseynou aus der Stadt nach Hause kam, fand er eine strahlende Ouleymatou vor. »*Wen erwartest du? Einen Minister?*«*, neckte er sie. Ouleymatou schüttelte den Kopf.* »*Nein, nur Ousman Gueye.*« *Ousseynou war bestürzt:* »*Wen? Sag das noch mal.*«

»*Du hast ganz richtig gehört, Ousman Gueye. Er hat sich einen Kuskus gewünscht und bittet dich, ihn mit ihm zu teilen.*«

Ousseynou entrüstete sich: Was hatte Ousman Gueye, mit einer Weißen verheiratet, in ihrer Konzession zu suchen? »*Ist deine Mutter auf dem Laufenden?*«*, fragte er. Ouleymatou nickte mit dem Kopf.* »*Erscheint dir das eigenartig oder unanständig oder unerhört? Sprich.*«

»*Weder eigenartig noch unanständig noch unerhört*«*, stellte Ousseynou richtig.*

»*Ich warne dich nur, meine Schwester. Eine Weiße teilt nicht ihren Mann mit einer anderen. Um der Ehre willen lehne es ab, Ousmans Spielzeug zu sein. Er ist mein Freund. Du würdest mir eine schwere Beleidigung, eine unüberwindliche Schande zufügen, wenn Ousman Gueye dich nicht heiratete, nachdem er mit dir geschlafen hat. Wenn Ousman nur zu seinem Vergnügen hierher kommt, wenn er dich erniedrigt anstatt dich zu erhöhen, wenn du für ihn nur ein Objekt wärst, dann wäre es schlimm, sehr schlimm, verstehst du?*«

Ouleymatou verstand. Sie hatte bei sich selbst das Problem schon tausendmal gewälzt. Aber was wollte sie tun: Das Schicksal kettete Ousman an ihr Herz. Wo es um Ousman ging, war ihr Wille zum Spielzeug ihrer Gefühle und zum Werkzeug ihres Ehrgeizes geworden. Jetzt entsprach allein Ousman ihren Idealvorstellungen. Im Lauf der Zeit hatte sie ihn als einzigen ihrer Jungfräulichkeit, die sie eifersüchtig gehütet hatte für das

»Erwachen beim Tamtam« bei Tagesanbruch nach der ersten Nacht, für würdig befunden. Wegen ihrer dreisten Art hatten Verliebte versucht, sie ihr durch Gewalt oder List zu rauben. Aber sie hatte es immer verstanden, bis zur Hochzeit unberührt durch die trüben Wasser der Triebe zu steuern. Heute konnte sie niemand mehr »einsperren«.

Sie liebte und ergab sich ohne zu fragen. Als kokette und verliebte Frau stellte sie Fallen, um ihren Ehrgeiz und ihre Gefühle zu befriedigen. Was bedeuteten schon Ousseynou und seine Würde, seine Ehre und sein Wolére (alte Freundschaft). Außerdem, wer konnte mit Sicherheit die Zukunft voraussehen?

Toubabfrauen hatten schon ihren Mann mit Negerinnen »geteilt« oder waren aus Afrika geflohen, von den Afrikanerinnen verjagt. Sie, Ouleymatou, war doch nicht dumm. Sie würde schon die richtigen Maßnahmen ergreifen. Ihre Mutter hatte sie erinnert: »Wer viel will, nimmt wenig.« Sie fügte hinzu: »Wer viel will, gibt viel.«

[...]

Mit saurer, unaufrichtig verärgerter Miene hatte er sich geduscht und angezogen. Er hatte seiner Frau zwei Küsse auf die Wangen gedrückt und war die Treppen hinuntergeeilt. Bei seiner Ankunft in Niari Talli wurde er von der kompletten Konzession begrüßt. Ouleymatous Mutter, die Vorsicht in Person, riet dazu, den Wagen an der nahen Tankstelle zu parken. Ousman stimmte zu. Der alte Ngom auf seinen Schaffellen erwiderte Ousmans Gruß mit dem Klingeln der Perlen seines Rosenkranzes. Ousman Gueye hatte für jeden ein Lächeln, eine großzügige Geste. Auf diese Weise stellte er von vornherein seine Schritte, seine Absichten klar.

Die Macht, die ihn trieb, ließ keine Geheimnistuerei oder Verborgenheit zu. Was ihn trieb, ging aus von seinem Herzen, von seinem Geist, von seinem Verstand und forderte Größe. Ouleymatou zeigte ihm das Zimmer. Er zögerte beim Eintreten, um besser mit den Weihrauchschwaden, die ihn empfingen, fertig zu werden. Er ließ sich ohne Aufforderung auf das Bett fallen. Aber er wusste, dass er sich diese Kühnheit erlauben durfte. Nach alter Tradition offenbarte gewagtes Benehmen mehr als Worte seine Heiratsabsichten.

Sein Körper schien auf den Wolken von Weihrauch zu schweben. Und Ouleymatou servierte geschäftig das Abendessen. Ein kurzes, tailliertes Mieder hob ihre Formen hervor und reichte absichtlich nur bis auf die Hüften. Der großzügige Ausschnitt dieses Kleidungsstückes offerierte, wenn man nur ein bisschen genauer hinsah, ihren festen Busen. Ihr Po wippte in der Umhüllung des Pagne. Ihre Arme bewegten sich mit Anmut und Biegsamkeit. Ouleymatou war wieder besänftigt und kam seinem Freund Gesellschaft leisten. Ousmans bedeutungsvolle Begrüßungsrunde, welche alle Heimlichkeit ausschloss, hatte seinen Ärger beruhigt. Ousman ging nicht durch die Hintertür. Und überhaupt, hatte Ousman es je verstanden, Hintertüren zu benutzen?

Die jungen Mädchen der benachbarten Konzessionen kamen, um den Kuskus mit ihnen zu teilen. Ouleymatou hatte sie eingeladen, um ihre Beziehung offenkundig werden zu lassen und alle männlichen Begierden zu beenden.

Ein Kreis wurde um die Schüssel gebildet: Die Frauen saßen direkt auf dem Boden, die Männer auf Bänken und Kissen. Ousmans Jackett hing an einem Kleiderhaken.

Ousman wies Ouleymatous Löffel zurück. Es bereitete ihm kindliches Vergnügen, von neuem mit seinen Fingern zu essen. Er knetete Klößchen aus Kuskus, Fisch und Gemüse und kaute sie langsam. Die Schärfe brannte ihm auf der Zunge, stieg ihm in die Augen, ließ seine Nase laufen, die sein Taschentuch nicht mehr losließ. Ouleymatou neckte ihn: »Du hast doch scharfen Kuskus gewollt!«

Die Hände der Frauen häuften vor ihn, den Ehrengast, die besten Stücke auf. Er dachte an das Zeremoniell seiner Toubab-Mahlzeiten: Teller, Gabel, Messer, rechts und links, kleiner Löffel für den Kaffee, mittlerer Löffel für den Nachtisch, großer Löffel für die Suppe. Und wie Mireille murrte: Du hast nicht den »richtigen Löffel« genommen.

Hier war der »richtige Löffel« die Hand. Niemand hatte zu ihm gesagt: »Du hast vergessen, dir die Hände zu waschen.« Hier steckte er die rechte Hand in die Schüssel, wählte nach Belieben, formte, nahm heraus, manschte, alles mitten im Geplauder und Gelächter.

Mit einschmeichelnder Stimme forderte Ouleymatou ihn beharrlich auf: »Greif zu, Papa (aus Höflichkeit nennen die senegalesischen Frauen ihren Freund, Liebhaber oder Ehemann nur selten bei seinem Namen)! Greif zu! Alles ist für dich!«
Und leiser: »Greif zu, Oussou!«

»*Oussou!*« *Yaye Khadys Stimme morgens an seinem Fenster, wenn die Faulheit ihn wieder einschlafen ließ. Oussou? Die wärmenden Flammen in der morgendlichen Kälte, die Hausaufgaben unter der Sturmlampe. Oussou? Der Zorn des Vaters, der über die Dummheit oder eine zu liebevolle Geste von Yaye Khady knurrte. Oussou? Seine leidenschaftliche Liebe für Ouleymatou, sein wegen der Ablehnung eines dummen kleinen Mädchens aufgewühltes Jünglingsherz.*

Oussou! Das Grollen seiner in einem einzigen Wort wieder lebendig gewordenen Vergangenheit, das seine Gegenwart aus dem Geleise bringt. Oussou! Ouleymatou wurde nicht müde, ihn einzulullen: »Oussou, iss, iss doch! Oussou, trinke! Oussou, wasch deine Hände! Oussou! Oussou!«

Und Oussou aß. Sein Gaumen genoss wieder einmal die tropische Schärfe und den Geschmack der Gerichte seiner Heimat. Die Augen tränten ihm, der Schweiß stand ihm auf der Stirn, er war glücklich. Diese starken Empfindungen des afrikanischen Lebens hatte er wahrhaftig vergessen.

Ouleymatou stellte eine Kalebasse mit Wasser und ein Stück Seife vor ihn hin, danach nahm kölnisch Wasser den Händen ihres Freundes den letzten Fischgeruch. Die Gesellschaft ging allmählich auseinander. Als sie alleine waren, zog Ouleymatou die Vorhänge zu ...

Mariama Bâ: Der scharlachrote Gesang.
Aus: Kouoh/Ehling (Hg.): Töchter Afrikas, Seite 254 ff.

Pfeffer, Koriander und Safran

König der Gewürze: der Pfeffer

Manche Probleme mit der Liebe können in Afrika schwer wiegende gesellschaftliche Auswirkungen haben. Deshalb widmen Priesterinnen einen relevanten Teil ihrer (Koch-)Lektionen für werdende (Ehe-)Frauen der männlichen Potenz. Ob Liebeskräuter oder -zauber, sie schwören (darauf), dass sich die erwünschte Wirkung einstellt. Denn sie glauben daran.

Das bekannteste aller Gewürze, das sich auch Ruhm als Aphrodisiakum erworben hat, hat Geschichte geschrieben, seinetwegen wurden Kriege geführt: Der Pfeffer herrscht von alters her als »König der Gewürze«. In Afrika wachsen die unterschiedlichsten Pfeffersorten wie Piment, Malaguetta, Pilipili oder Chili. Die Gebiete der heutigen Staaten Liberia und Sierra Leone galten den Europäern zur Zeit der Kolonialisierung als »Pfefferküste«.

Unübersehbar ist die Vorliebe der Afrikaner für extrem scharfe Gerichte und alles, was »scharf« macht. Ein mildes Essen ohne eine größere Menge an Pfeffer empfinden sie als ungenießbar. Selbst Palmwein wird in Ghana und Nigeria mit Pfefferschoten und Salz gewürzt. Doch der Vitamin-C-haltige und verdauungsfördernde Pfeffer ist beileibe nicht nur scharf, sondern auch Aromaträger. Nach einigen Bissen lässt der erste Schmerz nach, den jeder empfindet, der höhere Dosierungen nicht gewohnt ist. Danach ist zumindest die Zunge sensibilisiert.

In einem traditionellen afrikanischen Mahl drückt sich gesellschaftliches Miteinander und Lebensfreude aus; es bildet die Kontaktbörse, dient der Bestätigung gefasster Beschlüsse wie eingegangener Verbindungen. Gemeinsame Mahlzeiten begründen das Gefühl starker Verbundenheit und werden in Afrika nur selten für die intime Zweisamkeit inszeniert – selbst dann nicht, wenn sie mit eindeutigen Absichten verbunden sind. Warum auch? Liebe und erotische Absichten bedürfen nicht der Heimlichkeit und sind gerade in ihrer Zurschaustellung nicht anstößig, sondern sinnlich.

Neben der Familie und geladenen Gäste sind unerwartete Besucher immer herzlich willkommen, wie in allen Weltgegenden, in denen das Nomadentum eine lange Geschichte hat. »*Jambo Hodi* – darf ich näher treten?«, wird in Tansania gefragt, bevor der Gast ein ihm fremdes Haus betritt. »*Karibu* – willkommen!«, schallt ihm üblicherweise entgegen.

Das Essen wird gemeinsam auf einer Matte um einen Tisch sitzend eingenommen. Ohnehin wird immer eine größere Menge an Essen zubereitet, als für die anwesenden Familienmitglieder und Gäste eigentlich notwendig ist, da zum Beispiel die Ahnen mit am Tisch sitzen und in verschiedenen Ritualen willkommen geheißen und beopfert werden.

Gegessen wird mit der »reinen« rechten Hand; sie dient als Löffel, Gabel und Messer zugleich. Vor dem Essen reicht der Gastgeber einen Wasserkrug mit einer Schüssel und einem Tuch herum, um jedem die Möglichkeit zu geben, sich die Hände zu reinigen. Um den Tisch hat sich mittlerweile ein Kreis gebildet. Das Ritual gibt vor, dem ältesten Mitglied der Familie oder dem Gast zuerst zu servieren. Vor ihm häufen sich nun die besten Stücke: Mit den Fingern Klöß-

Empfehlung: Ein äthiopisches Gastmahl

Fladenbrot als essbare »Tischdecke«

chen aus Couscous zu kneten, Fisch und Gemüse einzurollen bereitet sinnliches Vergnügen. Beliebt sind auch große Brotfladen als essbare »Tischdecke«. Jeder Gast reißt sein Stückchen ab und rollt darin die Speisen ein, die aus gewürztem Gemüse, Fleisch, Fisch- oder Eiergerichten, *Wet* genannt, bestehen. Jeder greift zu, wählt nach Belieben, knetet, rollt, mischt und schlemmt, eingebettet in Plauderei und das Lachen aller Beteiligten. Afrikanische Hitze und Schärfe beißt auf der Zunge und brennt am Gaumen, steigt in den Kopf, lässt die Nase laufen und den Bauch fühlen. Augen tränen, Schweiß rinnt von der Stirn, Säfte fließen. Die Empfindungen afrikanischen Lebens haben alle Sinne beschlagnahmt. Fladen und Beilagen wie Käse oder Gemüse mildern die Schärfe der Gerichte ein wenig.

Am Ende des Essens reicht der Gastgeber eine Kalebasse mit warmem oder mit Zitrone versetztem Wasser und ein Stück Seife. Langsam lässt er allen Beteiligten das Wasser über die Hände laufen und reinigt diese so vom Essensaroma. Dann löst sich die Runde langsam auf und geht, an Leib und Seele gestärkt und aufgewühlt, auseinander in die sternklare Nacht.

»*Asante sana* – vielen Dank für Ihre Gastfreundschaft!« (Kisuaheli) Man zieht sich zurück, allein oder zu zweit...

Ein solch sinnliches afrikanisches Festmahl lässt sich beispielsweise mit dem traditionellen äthiopischen Nationalgericht aus Fleisch mit grünem Pfeffer und Fladenbrot inszenieren:

Die Brotfladen bilden nicht nur den wesentlichen Bestandteil der Mahlzeit, sondern dienen gleichzeitig als Besteck und werden, wenn Korb, Teller oder Platte fehlen, direkt auf dem Tisch als essbare »Tischdecke« genutzt. Fladenbrote oder Injera sind feuchte, gesäuerte Brotfladen, aus Teff, Weizen, Hirse, Mais, Gerste oder Sorghum hergestellt. Sie lassen sich zwei bis drei Tage aufbewahren und werden in Äthiopien entsprechend alle drei Tage zubereitet.

Äthiopisches Fladenbrot

2-3 Tage ruhen lassen
für 3-4 Personen

500 g Teffmehl
1 Hefewürfel

◆ Das Mehl in eine Schüssel sieben und mit 5 Tassen Wasser zu einem glatten, dickflüssigen Teig verrühren – eventuell entstehende Klümpchen zerdrücken. In einer großen Schüssel die Hefe mit etwas Wasser anrühren und dem Teig zugeben. Zugedeckt zwei bis drei Tage gehen lassen, bis der Teig gegoren ist. Dabei Wasser, das sich an der Oberfläche sammelt, vorsichtig abgießen.
Anschließend ½ Tasse Teig mit 1 Tasse kochendem Wasser verrühren. Bei mittlerer Hitze unter ständigem Rühren aufkochen und eindicken lassen. Abkühlen lassen, zurück in den Teig geben und mit kaltem Wasser verdünnen. Die Schüssel bedecken und den Teig 10 bis 20 Minuten aufgehen lassen.
Eine Pfanne stark erhitzen und den Teig von einer Schöpfkelle spiralförmig von außen nach innen hineinfließen lassen – er zerläuft zu einer gleichmäßigen Schicht. Zugedeckt etwa 4 Minuten garen, bis der Fladen sich vom Pfannenrand zu lösen beginnt und mühelos herausgenommen werden kann.

Fleisch mit grünem Pfeffer
Äthiopien

500 g Fleisch mit Knochen (Rücken oder Bein)
1 Kartoffel
1 große Zwiebel
1 Peperoni
½ TL gemahlener Ingwer
4 Knoblauchzehen
gehacktes Basilikum
¼ Tasse Gewürzbutter (Seite 162) oder Butter
¼ TL Kurkuma
Fladenbrot

◆ Das Fleisch waschen und in Streifen schneiden, aber nicht von den Knochen trennen. Die Kartoffel schälen und würfeln. Die Zwiebel in Ringe schneiden. Die Peperoni halbieren, entkernen und in Streifen schneiden.
In einem Topf ohne Fett die Zwiebelringe kurz anbraten. Das Fleisch mit Knochen hineingeben und etwa 4 Minuten erhitzen. Mit 2 Tassen warmem Wasser aufgießen und kochen. Die Kartoffel zugeben, mit Ingwer, zerdrücktem Knoblauch und Basilikum würzen. Butter beifügen und alles bei mittlerer Hitze kochen, bis nur noch wenig Flüssigkeit übrig und das Fleisch weich ist. Wenn nötig, weiteres Wasser zugießen. Mit Kurkuma bestreuen, mit Salz und Peperoni abschmecken. Mit klein geschnittenem Fladenbrot vermengen und servieren.

Weitere Pfeffergerichte

◆ Fleisch, Huhn oder Fisch mit wenig Wasser und Öl in einen Topf geben – das Fleisch produziert Wasser, während es erhitzt wird. Eine Zwiebel in Ringe schneiden, mit Maggiwürfeln und wenig Salz zugeben. Alles kochen, bis das Fleisch gar ist.
Tomaten, die zweite Zwiebel und Pfefferschoten klein schneiden, mit der Tomatensauce vermischen und beifügen. Etwa 20 Minuten unter ständigem Umrühren kochen.
Mit Salz und Pfeffer abschmecken.

Pfeffersuppe
Nigeria

Fleisch, Huhn oder Fisch
Palmöl
2 Zwiebeln
4 Maggiwürfel
3-4 frische Tomaten
1-2 Pfefferschoten
500 g Tomatensauce

◆ Yams und Kochbananen in fingerdicke Stücke schneiden.
Fleisch, Zwiebeln und Chilis mit einer Prise Salz in reichlich Wasser bei mittlerer Hitze 30 Minuten kochen.
Yams und Bananen beifügen. Wenn nötig, Wasser zugießen, so dass Fleisch und Gemüse bedeckt sind. Mit Zitronengras und Muskat würzen. Erneut zum Kochen bringen und bei geringer Hitze 30 Minuten garen.
Zum Schluss nochmals aufkochen und die Flüssigkeit reduzieren. Heiß servieren.

Ziegen-Pfeffersuppe
Nigeria

für 4 Personen

500 g Ziegengulasch
500 g Yams
2 unreife Kochbananen
2 gehackte Zwiebeln
2 gehackte Chilis
Zitronengras
geriebene Muskatnuss

Hammel-Pfeffersuppe
Ghana

für 4 Personen

500 g Hammelfleisch
4 Tomaten
1 Aubergine
1 Lorbeerblatt
2 gehackte Zwiebeln
4 gehackte Chilis
½ l Fleischbrühe
2 EL Tomatenmark

◆ Das Fleisch würfeln. Tomaten vierteln und Aubergine klein schneiden.
1 l Wasser mit Lorbeerblatt und einer Prise Salz zum Kochen bringen. Nacheinander Fleisch, Zwiebeln, Chilis, Tomaten und Aubergine hineingeben und bei starker Hitze 20 Minuten kochen – dabei die Flüssigkeit reduzieren.
Mit Brühe aufgießen, das Tomatenmark unterrühren. Weitere 10 Minuten gar köcheln.
Beilage: Knollenbrei (Seite 129) oder Brot

Gepfefferter Fisch
Äthiopien

für 3-4 Personen

3 Fischfilets
2 fein gehackte Zwiebeln
2 fein gehackte
  Knoblauchzehen
2 EL Öl
1 EL rote Pfeffermischung
  oder Pfefferpaste
  (Seite 74/75)
⅛ l Wein oder Met

◆ Die Filets in Streifen schneiden, ohne Fett kurz anbraten und zur Seite stellen.
In einem Topf ohne Fett Zwiebeln und Knoblauch kurz anbraten. Öl sowie roten Pfeffer zugeben und die Mischung bei schwacher Hitze unter Rühren etwa 4 Minuten bräunen. Nach und nach den Wein sowie 1 Tasse Wasser zugießen und aufkochen. Den Fisch in die Sauce geben, mit schwarzem Pfeffer und Salz würzen. Bei schwacher Hitze unter gelegentlichem Rühren fertig garen – der Fisch darf nicht zu weich werden.

Rippenfleisch in roter Pfefferpaste
Äthiopien

für 3-4 Personen

300-500 g Fleisch mit
  Knochen (Kalbs- oder
  Lammrücken)
1 milde oder scharfe
  Peperoni
½ Tasse Basilikum
1 TL gemahlener Ingwer
3 Knoblauchzehen
½ TL Kardamompulver
2 gehackte Zwiebeln
2 EL Gewürzbutter
  (Seite 162) oder Butter
1 EL rote Pfefferpaste
  (Seite 75)

◆ Das Fleisch in lange Streifen schneiden, aber nicht von den Knochen trennen. Die Peperoni halbieren, entkernen und in Streifen schneiden. Basilikum, Ingwer, Knoblauch und Kardamom vermischen, fein hacken und zur Seite stellen.
In einem Topf ohne Fett die Zwiebeln kurz anbraten. Das Fleisch mit Knochen hineingeben und kurz rühren. Mit 3 Tassen Wasser aufgießen und zum Kochen bringen. Die Würzmischung zugeben. In einer Schüssel die Butter mit der Pfefferpaste vermischen und ebenfalls zufügen. Bei mittlerer Hitze 20 bis 30 Minuten dünsten. Mit schwarzem Pfeffer und Salz würzen, mit Peperoni abschmecken.

Gedünstete Tilapia in Pfeffersauce
Togo

für 6 Personen

6 Tilapia oder Rotbarsche
½ Tasse Erdnussöl
5 gehackte Zwiebeln
4 Tomaten
½ TL rote Pfefferpaste
  (Seite 75)

◆ Die ausgenommenen Fische salzen und in einen Topf mit sehr wenig Wasser legen. Zudecken und 10 Minuten dünsten. Anschließend vom Herd nehmen.
Öl erhitzen und die Zwiebeln 5 Minuten darin braten. Die Tomaten in große Stücke schneiden und zugeben. Bei geringer Hitze 10 Minuten köcheln.
Die Pfefferpaste unterrühren und die Tomatensauce über den Fisch gießen; salzen und pfeffern. 15 Minuten köcheln, bis die Sauce eine zähflüssige Konsistenz annimmt.
Auf einer Platte anrichten und heiß servieren.
Beilage: Salzkartoffeln

Gepfefferte Kartoffeln
Äthiopien

4 Kartoffeln
2 milde oder scharfe Peperoni
1 gehackte Zwiebel
1 Zitrone (Saft)
¼ TL Senf
2 EL Öl
Cayennepfeffer

◆ Kartoffeln kochen, schälen und gut 30 Minuten auskühlen lassen. Die Peperoni halbieren, entkernen und fein schneiden. Die Kartoffeln passieren, Zwiebel und Peperoni zugeben, mit Zitronensaft, Senf und Salz würzen. Zuletzt das Öl und etwas Cayennepfeffer untermischen. Kalt servieren.

Pfeffersauce
Ghana

für 4-6 Personen

250 g getrocknete Garnelen
4 gehackte Zwiebeln
2 gehackte Knoblauchzehen
4 gewürfelte Tomaten
1 EL Cayennepfeffer
1 Stück geriebene Ingwerwurzel (5 cm)
Pflanzenöl

Die aromatische Sauce wird vor allem zu Fischgerichten und Klößchen aus Maniok, Yams, Kochbananen oder Ähnlichem serviert. Das Rezept ist je nach Geschmack und Gelegenheit zu variieren. Wird Pfeffersauce zu einem Fleischgericht gereicht, empfiehlt es sich beispielsweise, keine Garnelen zu verwenden.

◆ Die Garnelen 30 Minuten wässern.
Alle Zutaten bis auf das Öl mit je 1 TL schwarzem und weißem Pfeffer sowie Salz im Mixer zu einer Paste verrühren.
Das Öl erhitzen und die Paste unter Rühren 30 Minuten braten. Wenn nötig, etwas Wasser zugießen.

Hummer ist in Westafrika kein Luxus, im Gegenteil: Oft sind sie die einzige Ausbeute, die die Küstenfischer mit nach Hause bringen. Westafrikanische Hummer werden bei weitem nicht so groß wie amerikanische und kanadische. Beim Einkauf kann man deshalb kleinere Exemplare oder auch Langusten wählen.
Pfefferhummer auf Spießchen wird durch Beigabe von Reis zu einem Hauptgericht.

◆ 2 Tassen Wasser, die Hälfte der Zwiebeln und des Knoblauchs, etwas Pfeffer, eine Prise Salz sowie einen Schuss Öl miteinander verrühren. Die Hummer in die Marinade legen und eine Stunde ziehen lassen, dabei gelegentlich wenden.
Die Hummer in der Marinade kurz aufkochen. Das Fleisch auslösen, auf Spieße stecken und auf ein Backblech legen.
In der Zwischenzeit Butter erhitzen, die restlichen Zwiebeln und den Knoblauch darin anbraten. Tomatenmark, Curry, Muskat, etwas Salz und die geviertelten Tomaten beifügen, mit Mehl binden. Zudecken und bei mittlerer Hitze durchbraten, dabei gelegentlich umrühren.
Die Pfefferpaste zugeben und die Sauce einkochen. Die Hummer mit der Sauce übergießen und im vorgeheizten Ofen 15 Minuten überbacken.
Mit Zitronensaft beträufeln, Petersilie darüber streuen und warm servieren.

Pfefferhummer auf Spießchen
Ghana

für 6 Personen

6 kleine Hummer
4 gehackte Zwiebeln
4 gehackte Knoblauchzehen
Pflanzenöl
2 TL Butter
1 Tasse Tomatenmark
Currypulver (Seite 85)
geriebene Muskatnuss
8 Tomaten
2 EL Mehl
½ TL rote Pfefferpaste
(Seite 75)
1 Zitrone (Saft)
gehackte frische Petersilie

Rote Pfeffermischung
Äthiopien

2-3 Tage ruhen lassen

5 kg getrocknete rote Peperoni
1½ kg Knoblauchzehen
1½ kg Ingwerwurzeln
250 g Weinraute
½ Tasse Basilikum
1 Tasse gehackte rote Schalotten
¼ Tasse Kardamompulver
eventuell ½ Tasse Bischofskraut
¼ Tasse Schwarzkümmel
¼ Tasse gemahlener Zimt
1 Tasse Salz

Die Mehrzahl der ostafrikanischen Gerichte ist wegen der löffelweise über das Essen gestreuten gemahlenen Peperonischoten scharf. Wem sie zu scharf sind, sollte die angegebene Peperonimenge reduzieren. Andererseits entgeht ihm damit ein wesentliches Element der Küche.
Eine der roten Pfeffermischung ähnliche Standardwürzmischung, die »bedenkenlos über jedes Essen gestreut werden kann« und »das Feuer der Liebe niemals erlöschen lässt«, empfahl der jüdisch-arabische Arzt Moses Maimonides (1135-1204): In einer Pfanne Öl erhitzen und eine Gewürzmischung aus je einem Teil langem Pfeffer, Zimt, Anis und Kardamom sowie je einem halben Teil Galgantwurzel und Macis sowie Muskat einrühren. In dem Öl können diverse Nahrungsmittel zubereitet werden. Die Gewürzmischung eignet sich ebenfalls zum Abschmecken aphrodisischer Speisen.

◆ Peperoni halbieren, entkernen und grob mahlen. Knoblauch, Ingwer, Weinraute und Basilikum hacken, mit den Schalotten und etwas Wasser unter die Peperoni mischen. Die Mischung zwei bis drei Tage ruhen lassen. Anschließend in der Sonne oder im Backofen trocknen.
In einer Pfanne die übrigen Zutaten kurz rösten. Mit der Peperoni-Mischung vermengen und zu Pulver mahlen.

◆ Die Peperoni halbieren, entkernen, waschen und trocknen. Knoblauch, Ingwer, Weinraute und Basilikum hacken. Mit den Schalotten und ⅛ l Wein unter die Peperoni mischen. Die Mischung zugedeckt zwei Tage ruhen lassen. Anschließend in der Sonne oder im Backofen trocknen.
In einer Pfanne die übrigen Zutaten kurz rösten. Mit der Peperoni-Mischung vermengen und zu Pulver mahlen. Nach Belieben mit Wein zu einer Paste verrühren.
An einem trockenen Ort aufbewahren.

Rote Pfefferpaste
Ostafrika

2 Tage ruhen lassen

5 kg rote Peperoni
1½ kg Knoblauchzehen
1½ kg Ingwerwurzeln
250 g Weinraute
½ Tasse Basilikum
1 Tasse gehackte rote
   Schalotten
Rotwein, Met oder Wasser
¼ Tasse gemahlener Zimt
¼ Tasse Gewürznelken
¼ Tasse Kardamompulver
¼ Tasse Thymian
1 Tasse Salz

◆ Die Zitronen waschen und so vierteln, dass die Schale am unteren Ende nicht auseinander fällt. Das Innere gut salzen. Die Zitronen wieder zusammenfalten und in ein Einmachglas legen. Mit Öl übergießen, mit Gewürzen und ¼ l heißem Wasser auffüllen. Das Glas luftdicht verschließen und einen Monat an einem kühlen Ort stehen lassen.
Eingelegte Zitronen halten sich bis zu zwei Jahren.

Eingelegte Zitronen
Marokko

1 Monat ruhen lassen

kleine reife ungespritzte
   Zitronen
3 EL Olivenöl
Lorbeerblätter
schwarze Pfefferkörner
grobes Meersalz (125 g
   pro kg Zitrone)

Eingelegter Chilipfeffer
Nordafrika

15 scharfe rote Chilis
½ Tasse Olivenöl
3-4 EL Tomatenmark

Eingelegter Chilipfeffer wird in kleinen Mengen zum Schärfen von Speisen benutzt.

◆ Die Chilis fein hacken und im Mörser zerdrücken, anschließend die Hände gründlich waschen. Mit Öl vermischen, Tomatenmark und 1 EL Salz unterrühren. In ein Glas füllen und im Kühlschrank aufbewahren.

Chili Wodka

3 Tage ruhen lassen

1 Flasche Wodka
Chilischoten
Tonic Water

◆ Zuallererst eine Runde Wodka ausschenken… Die Flasche mit Chilis auffüllen – je nach Mut und Geschmack. Mindestens drei Tage stehen lassen.
Nach Belieben mit Tonic Water oder auch pur trinken.

Vom warmen Sand, Abendwind und dem Sonnenuntergang: der Koriander

»*Die Frau ist wie eine Frucht, die ihren Wohlgeruch nur verströmt, wenn man sie mit der Hand reibt. Nimm zum Beispiel die Kräuter: Wenn du sie nicht mit den Fingern wärmst, geben sie ihren Duft nicht frei... Und die Frau ist ebenso: Wenn du sie nicht mit deinen Liebkosungen und Küssen, mit Bissen in die Schenkel und engen Umarmungen anfeuerst, wirst du nicht erreichen, wonach du verlangst: Du wirst keine Lust erfahren.*«[20]

Bewohner Ägyptens und Palästinas kennen Koriander seit 3000 Jahren als Aphrodisiakum. Als Würzmittel für Wein sagte man ihm samenvermehrende Kräfte nach. Selbst in Sanskritschriften und in der Bibel findet er lobende Erwähnung. Dem einen stellt sich Koriander als unverzichtbares Liebesmittel, dem anderen als Mittel gegen Pest und Epilepsie dar.

Heil- und Liebesmittel

»Koriander mehret den unkeuschen Samen der Männer, in Wein gelegt, mit Zucker überzogen.« (Pierandrea Mattiolus) Koriander gehört, wie Anis (»Anis soll helfen, wenn es der »nötigen Begierde« zu ehelichen Werken fehlt.« Jacobus Theodorus Tabernaemontanus) und Fenchel, zur Familie der Doldengewächse. Er hat hellbraune, pfefferkornähnliche, hohle Früchte, weiße Blüten und wird 15 bis 20 Zentimeter hoch. Koriander wird meist in Mischungen oder zum Würzen von Brot verwendet. Die Blätter ähneln im Aussehen glatter Petersilie und werden in Salaten und Saucen verwendet. Zum Würzen eignen sich die gemahlenen Samen. In der Küche des Orients erfreut sich Koriander seit Jahrhunderten größerer Beliebtheit und wird als verdauungsförderndes Heilmittel geschätzt. Er ist in den Mittelmeerländern, vor allem in Marokko, heimisch, da er warme und gleichmäßige Temperaturen benötigt. Der Geruch der getrockneten Körner ist angenehm aromatisch.

**Empfehlung:
Das Geheimnis der Gerüche**

»Manche Prinzen sind Engel, man erkennt sie im Gedrängel, wenn man Glück hat, am Geruch«, singt Georgette Dee. In der Gewürzküche gebietet der Geruchssinn, der ein rigides, meist unterschätztes Regiment führt. Darüber, ob man jemanden mag oder nicht, entscheidet nicht die Person, sondern ihre Nase. »Ich kann ihn/sie einfach nicht riechen!«, ist keine Aussage über das eigene Unvermögen, sondern die Feststellung einer unüberwindbaren Schranke. Die hebt sich vor einer Person, die man »riechen« kann. Von der weiß man zwar nicht, was sie hat, aber sehr genau, dass sie es hat. Der Geruchssinn lässt sich seltener täuschen als der Bundesgerichtshof, er ist verbindlicher und persönlicher als ein Poesiealbum.

In engen menschlichen Gemeinschaften, zu denen afrikanische *compounds* gehören, geht die Macht der Nase sogar so weit, dass sich über die immer wieder veränderte Geruchswahrnehmung die Monatszyklen der Frauen einander anpassen.

Die Wahrnehmung des Geruchs über die olfaktorischen Sinne liefert die »Grundorientierung«, mit der Menschen sich dem Leben nähern. »Gedüft, das weckt die Träume nach Oasenferne.« (Charles Baudelaire in »Die Blumen des Bösen«). Riechen und Schmecken sind

Eindrücke, denen man sich nicht entziehen kann. Man kann zwar wegsehen, aber nicht wegriechen oder -schmecken. Diese Sinne sind über die afrikanische Küche (wieder) zu entdecken und zu stimulieren. Denn sie ist keine dezente, sondern eine direkte, im besten Sinne einfache Küche. So kann jedes noch so tief schlafende vegetative Nervenzentrum geweckt werden: Geruchs- und Geschmackssinn stellen fest, dass etwas nach Fisch, Basilikum, Knoblauch, Koriander oder Kaffee duftet, das Gehirn wertet und setzt den Duft in Verbindung zu einem Erlebnis – und öffnet so die Pforte zu den offenen Sinnen des Gegenübers. Und so mag Zuneigung, Liebe, Leidenschaft oder Begeisterung daraus entstehen. Wem der Duft eines Menschen und eines Essens gefällt, ist offen für alles, was da folgen mag. Ihm läuft »die Spucke im Mund zusammen« – auch ein schwerlich steuerbarer Vorgang.

Deswegen lassen Sie Ihre Gäste riechen, mit welchen Zutaten und was Sie kochen. Binden Sie sie ein in die Vorbereitung der Mahlzeit. Sie kennen den Reiz der Restaurants, in denen am Tisch gekocht und gebraten wird? Es ist nicht die Geruchsfreiheit!

Probieren Sie es also aus mit unserer Empfehlung (Fisch mit Koriander), die in der Küche keine lange Zubereitungszeit benötigt:

Fisch mit Koriander
Arabische Länder

für 4 Personen

1 bratfertiger Fisch (Zander, Barsch, Dorade) von 1 kg
¼ Tasse Mehl
1 TL gemahlener Kreuzkümmel
1½ Tassen Olivenöl
Knoblauchpaste (Seite 162)
3 Tassen gehackter frischer Koriander
1 fein gehackte Zwiebel
½ TL Chilipfeffer

◆ Den Fisch in einer Mischung aus Mehl, Kreuzkümmel und 1 TL Salz wälzen, bis er ganz bedeckt ist. In heißem Öl goldbraun braten. Aus der Pfanne nehmen und warm stellen.
Knoblauchpaste mit Koriander und Zwiebel mischen und in demselben Öl kurz schwenken. Chilipfeffer zufügen und 5 Minuten köcheln.
Die Mischung um den Fisch garnieren und servieren.

Variante:
Den Fisch häuten, entgräten und in kleine Stücke zerlegen. Die Koriander-Mischung über den Fisch geben, alles vorsichtig vermengen. Kalt mit ½ Tasse Zitronensaft servieren.

Mut zum Geruch

Solange Sie kochen und essen, riechen Sie ruhig wie die Hauptspeise – Sie sind es. Nur Meister ihres Faches verstehen es, andere Düfte mit denen des Essens anregend zu kombinieren. Grundsätzlich gilt: Absolute Vorsicht bei allem Blumig-Fruchtigen. Eher eignen sich holzige, harzige oder grüne Aromen wie Mandel, Myrrhe, Sandel- und Zedernholz sowie Koriander, der »warme Sand, Abendwind und Sonnenuntergang unter einem Orangenbaum«.

Düfte können natürlich nicht nur die Sinne reizen, sondern auch bestimmte Gefühle wecken. Weihrauch lässt vielleicht das schlechte Gewissen Ihrer Kindheit auferstehen; und wenn eine Person Ihren Weg kreuzt, die das gleiche Parfüm Ihrer ersten Geliebten oder das Rasierwasser Ihres ersten Schwarms benutzt, flammen plötzlich eine lang vergessene Erinnerung und ein Name in Ihrem Gedächtnis auf. Von allen Sinnen, die Nostalgie auszulösen imstande sind, gilt der Geruch als der weitaus stärkste.

Düfte und Aromen können Appetit machen, das Selbstvertrauen stärken, die erotische Ausstrahlung unterstützen oder verhindern und damit die Basis für ein befriedigenderes Sexualleben schaffen. Die Gewürzgärten der afrikanischen Natur bieten unendlich viele Geruchsstoffe, deren Gebrauch mit einer bestimmten Bedeutung belegt ist. Erotische Wirkung wird beispielsweise Ambra, Anis, Ingwer, Kardamom, Piment und Koriander nachgesagt.

Stellen Sie neben den Teller eine Schale mit Wasser. In ihr sollten die Finger nach dem Essen gesäubert werden – afrikanische Heilerinnen empfehlen dasselbe für die Bettstatt, so dass sich nach jedem Liebesakt das Wasser mit sexueller Energie aufladen kann, die es dann wieder an die Umgebung abgeben soll. Gegen die Langeweile einer Beziehung wird unter die Matratze gestreutes Duftpulver aus Küchenkräutern wie Basilikum, Kardamom, Gewürznelken, Kreuzkümmel, Ingwer, Majoran, Rosmarin, Thymian und Koriander empfohlen. Das Gewürz muss gleichmäßig verteilt werden, damit es nicht sofort bemerkt, aber gerochen werden kann. Das Wasser in der Schale sollte nicht weggeschüttet werden, sondern verdampfen.

Bevor Sie sich über den Glauben anderer amüsieren, versuchen Sie es einfach. Der Versuch dient auf jeden Fall dem Raumklima, für den Rest (an Zweifeln) gilt: Schlafen Sie eine Nacht darüber.

Eine Schale mit Wasser

Weitere Koriandergerichte

Gemüsesuppe
Ägypten

für 4-6 Personen

500 g Rindfleisch
1 Zwiebel
2 Kardamomsamen
2 Pfefferkörner
3 Kartoffeln
3 Möhren
3 Stangen Bleichsellerie
1 Stange Porree
2-3 Zucchini
Rinderbrühe
gehackter frischer
　Koriander

◆ In einem großen Topf 1½ l Wasser zum Kochen bringen. Das Fleisch in 2 cm große Würfel schneiden. Mit der ganzen Zwiebel, Kardamom, Pfeffer und etwas Salz in das Wasser geben und 45 Minuten kochen, dabei den Schaum abschöpfen.
Die Brühe abgießen, Zwiebel und Gewürze entfernen. Die Fleischstücke zurück in die Brühe geben. Kartoffeln, Möhren, Sellerie, Porree und Zucchini in Scheiben schneiden und in dieser Reihenfolge in die Suppe geben. Jedes Gemüse so lange kochen, bis es gerade gar ist – die gesamte Kochzeit beträgt noch einmal 20 Minuten.
Zuletzt nach Geschmack Fertigbrühe und Koriander zugeben.

Variante:
In den letzten 10 Minuten Suppennudeln zufügen.

Weizenkleiesuppe mit Kräutern
Nordafrika

für 4 Personen

2 Tassen gemahlene
　Weizenkleie
1 Knoblauchzehe
1 Bund Petersilie
1 Bund Koriander
20 g Butter

◆ In einem Topf 1 l Wasser zum Kochen bringen. Knoblauch, gehackte Petersilie und gehackten Koriander hineingeben und 10 bis 15 Minuten kochen.
Butter hinzufügen, mit ¼ TL Pfeffer und Salz würzen. Die Kleie langsam einrühren und die Suppe weitere 10 Minuten köcheln.
Mit Salz abschmecken und heiß servieren.

Variante:
Das Wasser durch Fleisch- oder Hühnerbrühe ersetzen und entsprechend weniger salzen.

Falafel, Tamiya
Ägypten

am Vortag beginnen
für etwa 60 Stück

500 g dicke, braune Bohnen
  (geschält und getrocknet)
2 Bund Petersilie
1 Bund Koriander
1 Bund Dill
1 Bund Lauchzwiebeln
2 kleine, fein gehackte
  Zwiebeln
8-10 fein gehackte
  Knoblauchzehen
1 TL gemahlener
  Kreuzkümmel
¼ TL Chilipfeffer
½ TL Pfeffer
1 EL Salz
1 TL Backpulver
Sesamkörner
Öl zum Frittieren

Falafel werden mit etwas Salat und einer scharfen Sauce in aufgeschnittene arabische Fladenbrote gefüllt und aus der Hand gegessen. In arabischen Ländern serviert man sie häufig als Vorspeise in kleinen Schüsselchen mit Sauce oder Kichererbsenbrei.
Ursprünglich kommen Falafel aus Ägypten, sind aber in allen ostarabischen Ländern beliebt. Dort werden sie allerdings nicht aus Bohnen, sondern aus Kichererbsen zubereitet.

◆ Die Bohnen über Nacht einweichen.
Am nächsten Tag abtropfen lassen und durch einen Fleischwolf (feine Scheibe) drehen. Die Kräuter fein hacken, die Lauchzwiebeln ebenfalls hacken, einen Teil des grünen Stängels mit verwenden. Bohnen mit Kräutern, Lauchzwiebeln, Zwiebeln und Knoblauch mischen und ein zweites Mal durch den Fleischwolf drehen. Gewürze und Backpulver zur Mischung geben und gut durchkneten. Eine Stunde ziehen lassen.
Die Mischung noch einmal durchkneten. Mit angefeuchteten Händen flache Bällchen von 3 bis 4 cm Durchmesser formen. Sesam in eine flache Schüssel füllen und die Falafel darin wälzen.
In einem Topf oder einer Fritteuse Öl erhitzen und die Falafel darin goldbraun frittieren.

Variante:
Die Bohnen oder die Hälfte der Bohnen durch Kichererbsen ersetzen.

Champignonspieße
Ghana

für 6 Personen

500 g Champignons
Butter
300 g Kartoffeln
1 Paprika
2 Zwiebeln
50 g gehackter frischer
  Koriander

◆ Die Champignons in grobe Stücke schneiden und 10 Minuten in Butter schmoren. Vom Herd nehmen und in kaltem Salzwasser abschrecken. Zur Seite stellen.
Die Kartoffeln würfeln und garen. Die Paprika halbieren und entkernen, das weiße Fruchtfleisch entfernen, die Schote fein hacken. Die Zwiebeln in Ringe schneiden.
Abwechselnd Champignons, Zwiebelringe, Kartoffelwürfel und Paprikastreifen auf Spießchen stecken. Mit Koriander bestreuen und im vorgeheizten Ofen kurz überbacken.
Heiß servieren.

Rebhuhn in Zitrone
Nordafrika

für 4-6 Personen

4 Rebhühner
1 Tasse Öl
4 gehackte Zwiebeln
10 gehackte
  Knoblauchzehen
1 Bund Petersilie
1 Bund Koriander
½ TL Pfeffer
½ TL gemahlener
  Kreuzkümmel
½ TL gemahlener Ingwer
¼ TL Safran
10 eingelegte Zitronen
  (Seite 75)

◆ In einem Topf Öl erhitzen und die vorbereiteten Rebhühner kurz darin anbraten. Zwiebeln und Knoblauch zugeben und dünsten. Gehackte Petersilie und gehackten Koriander hinzufügen, mit 1½ l Wasser ablöschen. Die Gewürze zugeben und mit Salz abschmecken. Etwa 50 Minuten kochen, bis die Rebhühner gar sind und sich die Haut leicht lösen lässt.
Die in kleine Stücke geschnittene Schale der Zitronen zugeben und alles einige weitere Minuten kochen.
Die Rebhühner aus der Sauce nehmen und warm stellen. Die Sauce einkochen, bis sie dickflüssig ist.
Zum Servieren die Rebhühner auf einer Platte anrichten und mit der Sauce übergießen.
Beilage: Pommes frites

Rindfleisch-Curry
Somalia

für 3-4 Personen

500 g Rindfleisch
Öl
1 gehackte Zwiebel
½ TL gemahlener Ingwer
1 TL gemahlener
   Schwarzkümmel
½ TL Cayennepfeffer
2 TL gemahlener Koriander
½ TL schwarzer Pfeffer
1 TL Kurkuma
½ TL gemahlener Zimt
½ TL Gewürznelken
¼ TL Kardamompulver
1 Zitrone (Saft und abge-
   riebene Schale)
2 Tassen Fleischbrühe

◆ Das Fleisch in Würfel schneiden. In einem Topf Öl erhitzen und die Zwiebel darin bräunen. Nach und nach alle Gewürze unter ständigem Rühren hineingeben, bei schwacher Hitze etwa 4 Minuten anrösten. Zitronensaft, -schale und Brühe unterrühren, zum Kochen bringen. Das Fleisch hinzufügen und zugedeckt eine Stunde schmoren. Wenn nötig, etwas Wasser zugießen.
Beilage: Reis

Currypulver

1 EL gehackte
   Korianderblätter
1 EL Kurkuma
1 EL Kardamomsamen
1 TL Gewürznelken
1 Zimtstange
1 TL schwarze Pfefferkörner
1 TL Kreuzkümmel
¼ geriebene Muskatnuss
½ TL Schwarzkümmel

◆ In einer kleinen fettfreien Pfanne die Gewürze bei mittlerer Hitze rösten. Abkühlen lassen, im Mörser zerstoßen oder mahlen – oder in ein Glas füllen und nach Bedarf mahlen.

Spinat-Reis
Somalia

für 4-6 Personen

300 g frischer Spinat
3-4 EL Pflanzenöl
2 fein gehackte große
  Zwiebeln
3-4 Knoblauchzehen
4 fein gehackte große
  Tomaten
¾ l Reis
¼ l Kokosmilch
2 Brühwürfel
250 g fein gehackte
  Korianderblätter
⅛ l Joghurt
geriebener Parmesankäse

◆ Die Spinatblätter fein hacken oder zupfen.
In einem Topf Öl erhitzen und die Zwiebeln 2 Minuten darin anrösten. Zerdrückten Knoblauch und Tomaten einrühren, 5 Minuten dünsten. Spinat und Reis hinzufügen und alles bei mittlerer Hitze weitere 5 Minuten dünsten. Etwa 3 Tassen heißes Wasser zugießen, umrühren und die Mischung erneut 10 Minuten köcheln.
Kokosmilch, Brühwürfel, Koriander und Joghurt hinzufügen, salzen und den Topf zudecken. Nochmals 10 Minuten köcheln, bis der Reis die Flüssigkeit absorbiert hat.
Vor dem Servieren mit Parmesan bestreuen.

Die männliche Kraft der Sonne: der Safran

Schon im alten Ägypten war Safran wegen seiner Heilkräfte begehrt. Die Griechen vermuteten, dass er die weiblichen Begierden anstachele. In der islamischen Medizin werden den in der Sonne getrockneten Blütengriffeln der Pflanze trockene und »heiße« Qualitäten zugesprochen – sie sollen den Geschlechtstrieb junger Männer verstärken. Da die Pflanze ein ätherisches Öl mit psychoaktiven, erregenden Wirkungen enthält, fand sie auch Verwendung als Opiumersatz. Safran ist heute – vergleicht man den Preis pro Gramm – wertvoller als Gold und somit das teuerste Gewürz der Welt. Erst 200.000 Blüten ergeben ein Kilogramm Pulver. Die orangefarbenen Narben der Safranpflanze, einer Krokusart, werden mit der Hand abgetrennt, getrocknet und fein gemahlen.

Ursprünglich stammt Safran wahrscheinlich aus Kleinasien und Griechenland. In Persien war die Pflanze bereits tausend Jahre vor unserer Zeitrechnung wohl bekannt. Schließlich verbreitete sie sich im gesamten Mittelmeerraum und tauchte gegen Ende des ersten nachchristlichen Jahrtausends in Spanien auf, vermutlich als Folge der engen Kontakte zu den Arabern. Heute wird Safran in den arabischen Mittelmeerländern, im Iran und in China kultiviert. Er schmeckt scharf-bitter und färbt gelb.

Safranfäden symbolisieren die männliche Kraft der Sonne. Bevor sie in vielen Speisen und Getränken Verwendung finden, werden die Fäden in einem Mörser zerrieben, so dass sich Farbe und Aroma optimal verteilen.

**Empfehlung:
Anregende Getränke**

Die islamische Medizin verordnete Safran jungen Männern, um im Rahmen der Familienplanung ihren Geschlechtstrieb zu stärken. Noch heute wird er in Kombination mit anderen Kräutern und Gewürzen bei Herzerkrankungen, Erschöpfungszuständen und Impotenz empfohlen. Aber auch Menstruationsproblemen und anderen Frauenleiden soll er Abhilfe verschaffen.

Safrantee, mit Honig und Kardamom gewürzt, gilt bis heute im Iran als Symbol der Liebe und wird zur Besiegelung eines Hochzeitsversprechens serviert.

So lässt sich wenig dagegen sagen, ein opulentes arabisches Menü stilgerecht mit anregenden und aufbauenden Getränken zu umrahmen. Als Apéritif empfehlen wir:

Heiße Safranmilch

1 l Milch
12 Safranfäden
5 Nelken
½ TL gemahlener Zimt
3 EL Honig
1 EL fein gemahlene
   Pistazien

◆ Den Safran im Mörser leicht zerstoßen.
Milch mit Safran, Nelken und Zimt zum Kochen bringen. Nachdem die Milch aufgeschäumt ist, etwa 5 Minuten köcheln.
Vom Herd nehmen, die Nelken entfernen und die Milch abkühlen lassen. Zuletzt den Honig hineinrühren, auf Gläser verteilen und mit Pistazien garniert servieren.

Ein edler Abschluss

Der Abschluss des Menüs – passend wählt man ein Hauptgericht aus arabischen Ländern, beispielsweise den Trid aus Marokko (Seite 91) – lässt sich durch ein kleines arabisches Zeremoniell noch veredeln.

In einer Pfanne werden Kaffeebohnen mit etwas Kardamom sowie zwei bis drei Nelken geröstet. Die Mischung wird in einem Mörser zerrieben und in eine *kanaka* – ein Kännchen aus

Kupfer oder Aluminium mit Holzstiel – mit kochendem Wasser gegeben, in der das fein gemahlene, schwarz gebrannte Pulver als dicker Satz auf den Boden der Tasse sinkt. Das Wasser schäumt auf – sobald sich der Schaum setzt, ist der Kaffee fertig. Die Kanne wird vom Herd genommen und mit Salz oder Zucker serviert.

Arabischen Kaffee zuzubereiten will gelernt sein. Gelingt es einem jungen Mädchen nicht, ihn richtig zu kochen und zu servieren, gilt sie, besonders in den Augen ihrer zukünftigen Schwiegermutter, als nicht heiratsfähig. Die Kunst besteht darin, den Kaffee so in die Tassen zu gießen, dass auf jeder etwas Schaum schwimmt – das so genannte Gesicht, das jeder gute arabische Kaffee haben soll.

◆ Zucker und 2 Kaffeetässchen Wasser in eine Kanaka füllen und zum Kochen bringen. Vom Herd nehmen, den Kaffee löffelweise unterrühren, eventuell Kardamom hinzufügen. Erneut zum Kochen bringen, dabei den Kaffee genau beobachten: In dem Augenblick, in dem er zu steigen beginnt, das Kännchen vom Herd nehmen und kräftig aufsetzen, damit sich der Kaffee wieder senkt. Zweimal wiederholen, so dass am Ende der Kaffee dreimal aufgekocht wurde. Auf der Oberfläche hat sich währenddessen Schaum gebildet.

Mittelsüßer Kaffee

4 TL arabischer Kaffee
2 TL Zucker
nach Geschmack:
    Kardamompulver

◆ Kaffee mit Kardamom vermengen und mit Wasser aufbrühen. Süßen und nach Geschmack Milch hinzugeben.

Kardamom-Kaffee

1 gehäufter TL Bohnenkaffee
1 gehäufter TL Kardamompulver
Honig oder Zucker
Milch

Safrangerichte

Suppe à la Casablanca
Marokko

am Vortag beginnen
für 6 Personen

150 g Kichererbsen
125 g Hammelfleisch
2 Knochen
½ Sellerieknolle
½ Bund Petersilie
1 Bund Koriander
4 kleine Zwiebeln
1 kg Tomaten
¼ TL gemahlener Zimt
¼ TL Safran
100 g Weizenmehl
50 g Suppennudeln
2 Zitronen (Saft)
1 Ei

◆ Die Kichererbsen über Nacht in reichlich kaltem Wasser einweichen.
Am nächsten Tag in einem Topf 2 l Wasser zum Kochen bringen. Kichererbsen, das in kleine Stücke geschnittene Fleisch und die Knochen hinzufügen. Sellerie klein schneiden, Petersilie und die Hälfte des Korianders klein hacken. Alles mit den Zwiebeln der Brühe zugeben. Tomaten häuten und im Mixer pürieren. Die Hälfte des Pürees in die Brühe geben. Mit Zimt, Safran, ½ TL Pfeffer und Salz würzen. Die Zwiebeln herausnehmen, sobald sie gar sind. Die Brühe etwa 50 Minuten kochen, bis das Fleisch gar ist.
Die andere Hälfte des Tomatenpürees in einen Topf geben, nach und nach die Brühe zugießen. Fleisch, Kichererbsen und die anderen Zutaten zur Seite stellen. Die Brühe erneut 15 Minuten köcheln, dann eine Weile zur Seite stellen.
Mehl in etwas Wasser anrühren und der abgekühlten Brühe beigeben. Langsam aufkochen und die Suppennudeln hinzufügen. Wiederum köcheln.
In einem Mörser die restlichen Korianderblätter zerstoßen. Etwas Salz und 3 EL Brühe einrühren und alles unter ständigem Rühren in die Brühe gießen. Die zur Seite gestellten Zutaten und den Zitronensaft beifügen, die Suppe aufkochen. Das Ei schlagen und in die Brühe einrühren. Heiß servieren.

Varianten:
▷ Statt der Kichererbsen Linsen verwenden.
▷ Die Hälfte der Kichererbsen durch dicke Bohnen ersetzen.

◆ Das Huhn ausnehmen und waschen, alles Fett entfernen. Innen und außen gründlich mit grobem Salz einreiben und nochmals mit kaltem Wasser abspülen. Die Innereien waschen und zur Seite legen.
Den Porree sehr fein schneiden. Petersilie und Koriander klein schneiden, zerdrückten Knoblauch zugeben.
1 Tasse Öl in einen Dampfkochtopf geben. Mit ¼ TL Safran, dem Ingwer, ¾ TL Pfeffer und 3 TL grobem Salz würzen. Die Hälfte des Porrees, die Kräuter-Knoblauch-Mischung und die Safranfäden zugeben, im kalten Topf verrühren. Das Huhn mit dieser Masse füllen. Die Hinterbeine des Huhns feststecken, im Topf in Öl wenden und mit ½ TL Safran bestreuen. Das Innere der eingelegten Zitrone zugeben. Die Innereien – außer der Leber – in den Topf legen. Den Topf schütteln, das Huhn mit ¼ Tasse Öl begießen und von beiden Seiten anbraten. Nach 10 Minuten mit einer Gabel mehrmals gut einstechen, mit 2 l Wasser ablöschen, den Dampfkochtopf schließen und erhitzen.
Nach einer Stunde öffnen, den restlichen Porree sowie die Leber zugeben. Wenn nötig, weiteres Wasser zugießen, und wieder schließen.
Währenddessen für den Teig in einer Schüssel 1 EL Salz in 2 Tassen Wasser auflösen, das gesiebte Mehl nach und nach zugeben. Den Teig fest kneten. Weitere 2 Tassen Wasser zugießen und mit den Fäusten kneten. Sollte der Teig zu zäh sein, weiteres Wasser zugeben. Beginnt der Teig langsam zu zerfließen, 1 EL Öl beifügen und weiterkneten. 5 bis 10 Minuten ruhen lassen.
Den Teig in die Hand nehmen und 1 EL Öl in die Schüssel geben. Zwischen Daumen und Zeigefinger mandarinengroße Kugeln herauspressen. Die Teigkugeln im Öl flach drücken und auf

Trid
Marokko

4 Stunden Vorbereitungs-
   und Kochzeit
für 6-8 Personen

1 Suppenhuhn
grobes Salz
2 dünne Stangen Porree
1 Bund Petersilie
1 Bund Koriander
4 Knoblauchzehen
1¼ Tassen Öl
¾ TL Safran
¾ TL gemahlener Ingwer
8 Safranfäden
½ eingelegte Zitrone
   (Seite 75)
1 TL Butterschmalz
   (Seite 92)

für den Teig:
1 kg Weizenmehl
Öl

einer Platte zur Seite legen. Zwischendurch die Teigstücke nochmals flach drücken.

Eine möglichst große, flache Pfanne erhitzen und mit wenig Öl beträufeln. In eine flache Form etwas Öl gießen und darin die Teigstücke mit der Hand zu hauchdünnen Fladen auswalzen. In einem Schälchen genügend Öl bereitstellen.

Nacheinander die Fladen in die Pfanne legen, recht schnell wenden, mit beiden Händen hochziehen und kurz in der Luft festhalten. Insgesamt jeweils zweimal wenden – die Teigfladen sollten etwas Farbe bekommen und dürfen Löcher aufweisen. Zur Seite legen und mit einem Tuch bedecken. Wenn nötig, die Pfanne von neuem mit Öl beträufeln – sie sollte nicht zu heiß sein. Nach Bedarf die Finger in das Öl tauchen, um die Fladen besser flach drücken zu können.

Nach anderthalb Stunden den Dampfkochtopf öffnen. Das Butterschmalz zugeben und die Hühnerbrühe weiter köcheln. Währenddessen die dünnen Pfannkuchen in kleine Stücke zerreißen und auf eine große, tiefe Platte legen. Mit der Brühe begießen. Das Huhn in die Mitte der Platte legen und mit der restlichen Brühe übergießen. Heiß servieren.

Butterschmalz
Arabische Länder

Butter

Butterschmalz wird in arabischen Ländern auf Vorrat zubereitet, ist in Deutschland aber auch in Supermärkten oder türkischen Läden in Dosen erhältlich. Es wird zum Kochen, Braten und Backen anstelle von Öl oder frischer Butter eingesetzt, da Letztere im heißen Klima zu schnell verdirbt.

◆ In einem Topf Butter langsam erhitzen und zum Kochen bringen. Etwa 15 Minuten köcheln, währenddessen den Schaum abschöpfen. Anschließend kurz abkühlen lassen und vorsichtig ohne den Bodensatz, der sich gebildet hat, in ein Glas gießen.

◆ Den Kohl fein raspeln. Die Möhren in feine Streifen, die Zwiebeln in Ringe schneiden.
In einem Topf Öl erhitzen und die Zwiebeln darin anrösten. Den Safran unterrühren. Kohl und Möhren zugeben und knusprig rösten.
Mit Salz und Pfeffer abschmecken, umrühren und als Beilage servieren.

Safran-Gemüse-Platte
Madagaskar

für 4-6 Personen

250 g Weißkohl
4 Möhren
2 Zwiebeln
⅛ l Pflanzenöl
½ TL Safranpulver

Eignet sich hervorragend zum Grillen von Fisch, Fleisch und Geflügel.

◆ Den Safran in 1 EL Zitronensaft einweichen, den Koriander hacken.
Alle Zutaten miteinander vermischen.

Marokkanische Marinade
Marokko

9 EL Olivenöl
¼ TL Safranfäden
3 EL Zitronensaft
½ Bund Koriander
3 gehackte Knoblauchzehen
1 TL grobes Salz
1 TL gemahlener Kreuzkümmel
1 TL scharfer Paprika
½ TL Cayennepfeffer

Reis-Fleisch-Eintopf
Tansania

4 Stunden Vorbereitungs- und Kochzeit

500 g mageres Rindfleisch
1 Chili oder
½ TL Chilipulver
¼ TL Safran
250 g Fett
4 Knoblauchzehen
4 gehackte Zwiebeln
1 TL gehackte Korianderblätter
½ TL gemahlener Ingwer
2 schwarze Pfefferkörner
½ TL Gewürznelken
½ TL Kardamompulver
½ TL gemahlener Zimt
2 Zitronen (Saft)

für den Reis:
2¼ Tassen Reis
2 Zimtstangen
4 Kardamomkapseln
¼ TL geriebene Muskatnuss
1 Chili
2 Gewürznelken
½ TL gemahlener Koriander

◆ Den Reis mit Wasser bedecken und zwei Stunden einweichen.
Währenddessen das Fleisch in große Würfel schneiden. Die Chili halbieren, entkernen und fein schneiden. Safran mit 2 EL heißem Wasser vermischen und zur Seite stellen.
In einem Topf 150 g Fett erhitzen. Die Hälfte des zerdrückten Knoblauchs und der Zwiebeln, das Fleisch, Chili, Koriander, Ingwer, Pfeffer, Nelken und Kardamom hineingeben. Bei schwacher Hitze 15 bis 20 Minuten kochen.
Währenddessen 5 Tassen Wasser zum Kochen bringen. Den Reis mit allen Gewürzen hineingeben und halb garen. In ein Sieb gießen, das Kochwasser auffangen und den Reis abkühlen lassen.
Die Fleischmischung mit Zimt, Zitronensaft und Salz abschmecken. In einem großen Topf 100 g Fett erhitzen, restliche Zwiebeln und zerdrückten Knoblauch 1 Minute darin braten. Das Fleisch mit dem Reis hineingeben, wenn nötig, Kochwasser zugießen. Kurz danach mit dem Safranwasser übergießen und unter gelegentlichem Rühren 15 bis 20 Minuten garen.

Zitronen-Safran-Hähnchen
Marokko

2-4 Stunden marinieren

1 Hähnchen (1200 g)
4 Knoblauchzehen
2 EL Meersalz
1 Gemüsezwiebel (500 g)
10 Safranfäden
Kurkuma
50 g Hühnerleber
1 eingelegte Zitrone
  (Seite 75)
8 grüne Oliven ohne Stein
1 Zitrone (Saft)
2 Zweige glatte Petersilie
2 Korianderzweige

für die Marinade:
4 EL Erdnussöl
1 TL Ingwerpulver
1 TL milder Paprika
½ TL Kreuzkümmel

◆ 3 Knoblauchzehen und Meersalz im Mörser zu einer Paste zerstoßen und diese gründlich in Haut und Bauchhöhle des Hähnchens einreiben. Anschließend das Hähnchen unter fließend kaltem Wasser gründlich abspülen, mit Küchenpapier abtrocknen. In zehn Stücke zerteilen und diese nebeneinander in einen flachen Bräter legen.
Für die Marinade alle Zutaten miteinander verrühren. Das Hähnchen damit bestreichen, zudecken und zwei bis vier Stunden im Kühlschrank ziehen lassen.
Die vierte Knoblauchzehe dünn schneiden, die Zwiebel vierteln. Mit Safran, wenig Kurkuma und 300 ml Wasser zum Hähnchen geben und alles bei schwacher Hitze zugedeckt 30 Minuten schmoren, dabei die Hähnchenstücke ab und zu wenden.
Zwiebelstücke herausnehmen und mit der Hühnerleber im Mixer pürieren. Unter Rühren in die Sauce geben, falls nötig, etwas Wasser zugießen. 20 Minuten zugedeckt köcheln. Die eingelegten Zitronen klein schneiden und mit den Oliven zur Sauce geben. Alles weitere 10 Minuten zugedeckt schmoren.
Die Hähnchenstücke auf einer vorgewärmten Platte anrichten und warm stellen. Den Zitronensaft zur Sauce geben, etwas einkochen, abschmecken. Die Kräuter fein hacken und mit der Sauce über das Hähnchen verteilen.
Beilage: Couscous oder knusprig gebackenes Brot

Couscous-Füllung
Nordafrika

1 kg Couscous-Grieß
¼ Tasse Öl
1 EL gemahlener Zimt
½ TL gemahlener Ingwer
¼ TL Safran
300 g Butter
400 g Rosinen
300 g geschälte Mandeln
150 g Puderzucker

◆ Grieß waschen und schnell abtropfen lassen. Mit der Hand auf einer großen Platte verteilen, um die Körner voneinander zu trennen.
Den Couscous-Kochtopf auf den Herd stellen. Den unteren Teil mit 4 l Wasser füllen, in den oberen den Grieß geben. Das Wasser erhitzen. Wenn Dampf aus dem Topf tritt, den Grieß 30 Minuten dämpfen.
Den Grieß herausnehmen und wiederum auf der Platte verteilen. Mit etwas Öl und anschließend etwas Wasser anfeuchten und lockern, um die Körner voneinander zu trennen. Nach und nach das restliche Öl und insgesamt ½ l Wasser zugeben – Öl und Wasser sollten zum Schluss gleichmäßig verteilt sein. Den Grieß ruhen lassen, bis das Wasser vollständig aufgesogen ist.
Den Grieß zum zweiten Mal in den oberen Teil des Topfes geben und das Wasser zum Kochen bringen. Sobald viel Dampf austritt, den Grieß erneut herausnehmen und auf der Platte verteilen. 1 EL Salz, Zimt, Ingwer und Safran darüber streuen und die Hälfte der Butter in Flocken zufügen. Den Grieß lockern, um die Körner voneinander zu trennen und Butter und Gewürze gleichmäßig zu verteilen.
Grieß zum dritten Mal in den oberen Teil des Topfes geben und die Rosinen hinzufügen. Das Wasser zum Kochen bringen. Währenddessen die Mandeln mahlen und in etwas Öl bräunen. Sobald aus dem Topf viel Dampf tritt, den Grieß wieder herausnehmen und auf der Platte verteilen. Puderzucker und restliche Butter in Flocken darüber geben. Den Couscous wiederum lockern, um die Körner voneinander zu trennen und Butter und Puderzucker gleichmäßig zu verteilen. Mandeln darüber streuen und gut verteilen. Erkalten lassen.
Die Füllung eignet sich für Hühner, Tauben und Fisch.

Kokos- und Dattelpalme

Ein »Stamm« fremder, schöner junger Männer: die Kokospalme

An der ostafrikanischen Küste, an der die Völker die Früchte der Kokospalme in besonderem Maße nutzen, hat sich folgerichtig ein eigener Mythos um sie entwickelt – ähnlich wie in Südostasien. Man erzählte von wilden, orgiastischen Festen mit Masken, Gesängen und sexuellen Ausschweifungen, zu denen sich wiederholt fremde, schöne junge Männer einfanden. Sie fielen auf, denn sie waren irgendwie anders. Im Laufe der Zeit stellte sich heraus, dass sie als Fliegende Hunde kamen und am Ende das Fest als solche wieder verließen.

Aufgeregt und neugierig folgte man ihnen und gelangte zu einer Insel, auf der sich die jungen Männer am Strand ausruhten – in Form schlanker Bäume. Die Verfolger fällten sie, doch der in ihnen wohnende Kokosgeist konnte entfliehen. Die Verfolger aber lockten ihn mit Hilfe eines schönen Mädchens an den heimischen Strand. Dort wuchs als Manifestation des Kokosgeistes die erste aller Palmen. Aus dem Kopf des Geistes formte sich die Kokosnuss, deren drei Keimgruben Augen und Mund erkennen lassen; die Haare waren zu Blättern geworden, die Stimme im spezifischen Rascheln der Palme aufgegangen, und aus den Beinen hatte sich der Stamm entwickelt.

Diesen Mythos feierte man in Ostafrika, um die Fruchtbarkeit der Palmen zu gewährleisten: Die Feste dauerten über Nacht und hatten anfänglich drastische Dimensionen. Am Abend wählten die »Zeremonienmeister« eine Frau aus, mit der sie sexuellen Verkehr hatten. Anschließend wurde sie getötet und verspeist, ihre Knochen wurden unter den Palmen vergraben. Damit wollte man deren Fruchtbarkeit sichern, wie der Verzehr der Kokosnüsse wiederum die Fruchtbarkeit der sie Verspeisenden sichern sollte.

Nicht nur die Früchte der Kokospalme sind genießbar: Aus den Wurzeln werden Arzneien gewonnen, und der Blütenschaft wird zur Palmweingewinnung angezapft. Eine Palme kann pro Woche 400 Liter Saft produzieren. Verstärkt wird die aphrodisische Wirkung durch Beifügen von Stechapfelsamen und Honig.

Kokosmilch

Kokosfleisch und -milch sind Grundlage vieler kulinarischer Besonderheiten. Das Fleisch wird geraspelt und die Raspel in einer Schüssel mit heißem Wasser übergossen. Nach dem Abkühlen presst man die Flüssigkeit heraus. Das Ergebnis dieser so genannten ersten Pressung ist dicke Kokosmilch, die zweite Pressung liefert die weniger aromatische dünne Milch. Statt einer frischen Frucht können auch getrocknete Kokosraspel, Kokosmilch aus der Dose oder konserviertes Pulver verwendet werden.

Kokosgerichte

Gebratener Fisch mit Kokosmilch
Kapverdische Inseln

2-3 Meeresfische oder Fischfilets (etwa 1 kg)
2 Tomaten
Öl
1 gehackte große Zwiebel
1 fein gehackte Knoblauchzehe
1 grüne Peperoni
1 Brühwürfel
½ Zitrone (Saft)
1 Lorbeerblatt
1 Dose Kokosmilch (400 g)
gehackte Pfefferschoten

Ein typisch kapverdisches Karfreitagsgericht.

◆ Die Fische ausnehmen, waschen und trockentupfen. In 2 cm dicke Stücke schneiden, großzügig salzen und 30 Minuten ruhen lassen. Die Tomaten in Würfel schneiden.
In einer großen Pfanne die Hälfte des Öls erhitzen und den Fisch bei schwacher Hitze darin braten. Die Pfanne zur Seite stellen.
In einem Topf wenig Öl erhitzen und die Zwiebel darin anbraten, aber nicht braun werden lassen. Den Knoblauch einrühren. Langsam unter Rühren Tomaten und Peperoni hinzugeben. Nach und nach Brühwürfel, Zitronensaft und Lorbeerblatt beifügen. Zuletzt die Kokosmilch zugießen, alles mit einem Holzlöffel umrühren und eindicken lassen.
Die Mischung bei schwacher Hitze 10 Minuten kochen und dann zum Fisch geben. Mit Pfeffer und Salz abschmecken.
Beilage: Maniok, Süßkartoffeln oder Reis

Hähnchen in Kokosmilch
Kenia

für 5-6 Personen

1 Brathähnchen
  (etwa 1 kg)
1 Chili oder ½ TL
  Cayennepfeffer
1 Stück Ingwerwurzel
4 Knoblauchzehen
2 TL Currypulver
  (Seite 85)
4 EL Öl
1 gehackte Zwiebel
½ Bund Koriander
1 TL gemahlener
  Kreuzkümmel
½ l Kokosmilch (frisch
  oder aus der Dose)
100 g Kokoscreme

◆ Das Hähnchen häuten, waschen und zerlegen, die Knochen entfernen. Die Chili halbieren, entkernen und fein schneiden. Mit Ingwer, Knoblauch und Curry zu einer glatten Paste verarbeiten.
In einer kleinen Pfanne die Hälfte des Öls erhitzen und die Zwiebel darin bräunen. Die Gewürzpaste zugeben, gut verrühren und 5 Minuten braten.
In einer großen Pfanne das restliche Öl erhitzen und die Hühnerteile von allen Seiten etwa 12 Minuten darin bräunen. Die Zwiebelmischung unterrühren, salzen. Gehackten Koriander, Kreuzkümmel und Kokosmilch zugeben. Gut verrühren und bei mittlerer Hitze 35 bis 40 Minuten garen.
Die Kokoscreme in wenig Kochflüssigkeit verrühren und über das Fleisch gießen. Abschmecken und servieren.
Beilage: Reis

Bohnen in Kokosmilch
Tansania

250 g Bohnen
2 Tomaten
200 ml Kokosmilch (frisch oder aus der Dose)
½ TL Gewürznelkenpulver
1 TL Kurkuma
1 Knoblauchzehe

◆ Die Bohnen kochen, abgießen und in einen Topf geben. Die Tomaten würfeln und hinzufügen. Kokosmilch, Nelken, Kurkuma und zerdrückten Knoblauch zugeben, mit Salz abschmecken und alles 10 bis 15 Minuten garen.

Kochbananen in Kokosmilch
Kenia

4 grüne Kochbananen
1 TL Currypulver (Seite 85)
½ TL gemahlener Zimt
1 Prise Gewürznelkenpulver
1¼ Tassen Kokosmilch (frisch oder aus der Dose)

Eignet sich als Beilage zu einem Fischgericht.

◆ Die Bananen schälen und waschen. Mit den Gewürzen in einen Topf geben und Kokosmilch zugießen. Bei schwacher Hitze etwa 15 Minuten weich garen.
Heiß servieren.

Kokosnuss-Reis
Nigeria

für 4 Personen

1 Kokosnuss oder
   100 g Kokosraspel
200 g Reis
1 gehackte Zwiebel
1 gehackte Pfefferschote

◆ Die Kokosnuss öffnen. Die Hälfte des Fruchtfleischs raspeln und mit etwas Wasser mischen. Flüssigkeit herauspressen, bis sich etwa 1 Tasse ergibt. Alternativ Kokosraspel mit 1 Tasse Wasser mischen.
Die Flüssigkeit zum Kochen bringen. Reis, Zwiebel, Pfefferschote, Salz und gegebenenfalls einen Teil der Kokosraspel beifügen. Durchrühren und aufkochen. Wenn nötig, Wasser zugießen. Bei schwacher Hitze 20 Minuten gar köcheln.

Varianten:
▷ Garnelen beifügen.
▷ Mit Gewürznelkenpulver abschmecken.

Garnelen mit Curry-Kokos-Sauce
Mosambik

1 kg Garnelen
2 Tomaten
2 Zwiebeln
Öl
3 fein gehackte
   Knoblauchzehen
1 Gemüsebrühwürfel
2 EL Currypulver
   (Seite 85)
3 Gewürznelken
4 schwarze Pfefferkörner
1 Dose Kokosmilch

◆ Die Garnelen ausnehmen und schälen, die Köpfe abtrennen. Schalen und Köpfe in 1½ Tassen Wasser 5 Minuten kochen. Den Sud abseihen und zur Seite stellen. Die Tomaten häuten und pürieren, die Zwiebeln in Ringe schneiden. In einer Pfanne etwas Öl erhitzen, Zwiebelringe und Knoblauch darin bräunen. Die Tomaten zufügen und kurz andünsten. Die Garnelen und den zerbröckelten Brühwürfel zugeben, gut durchrühren und alles etwa 6 Minuten kochen. Die übrigen Zutaten und den Sud hinzufügen, umrühren und kochen, bis sich Kokosöl am Rand absetzt. Den Topf schließen und alles bei schwacher Hitze 20 Minuten garen.
Beilage: Reis

Kokosnuss-Gebäck
Nordafrika

200 g Kokosraspel
150 g Zucker
5 g Vanillezucker
3 Eier
Butter

◆ Kokosraspel fein mahlen, mit Zucker und Vanillezucker vermischen. 2 Eier sowie 1 Eigelb schaumig schlagen und zugeben. Alles miteinander verrühren und 30 Minuten ruhen lassen. Jeweils 1 EL Kokosmasse auf ein mit Butter eingefettetes Backblech geben und Kegel formen. Im auf 160° vorgeheizten Ofen etwa 10 Minuten backen, ohne dass die Plätzchen Farbe annehmen.

Kokosbonbons
Kapverdische Inseln

für 40 Stück

1 Kokosnuss oder
   250 g Kokosraspel
500 g Zucker

◆ Die Kokosnuss öffnen, das Fruchtfleisch raspeln.
Die Hälfte des Zuckers langsam schmelzen. Unter ständigem Rühren den restlichen Zucker zugeben und bräunen. 1 Tasse Wasser zugießen und rühren, bis der Zucker eine breiartige Konsistenz annimmt.
Die Kokosraspel beifügen. Gut durchrühren und 15 Minuten köcheln, dabei gelegentlich umrühren.
Probeweise etwas Kokosmasse auf einen kalten Teller geben. Wird die Masse hart, ist sie gar. Dann mit zwei Teelöffeln kleine Häufchen der Kokosmasse auf eine große Platte geben und abkühlen lassen.

Die Schwester der Menschen in Gestalt und Geschlecht: die Dattelpalme

Den Arabern ist die Dattelpalme eine Schwester oder Verwandte, ein Symbol der Ehe und der Geschlechterliebe: »Der Palmbaum gleicht in vieler Hinsicht dem Menschen durch seine gerade, aufrechte Gestalt und Schönheit, durch die Scheidung in zweierlei Geschlechter, die männlichen und die weiblichen, durch seine Befruchtung, durch sein Beilager.«(21)

Aus dem Stamm der Dattelpalme wird ein Saft gezapft, der nach einer Zeit der Gärung ein berauschendes Getränk ergibt. Mit anderen Naturdrogen angereichert genießt man es bei Tempeltänzen und sakral-erotischen Ritualen.

Ein berauschendes Getränk

Unter den zahlreichen Früchten des arabischen Raumes ist die Dattel die bedeutendste. Sie stammt ursprünglich aus Mesopotamien. Vor 5000 Jahren begannen die Babylonier mit ihrer Kultivierung und Veredelung zum Nahrungs- und Rauschmittel. Von dort aus verbreitete sie sich über den gesamten Mittelmeerraum, vor allem aber in die arabischen Länder, und gelangte so nach Marokko, das heute zu den wichtigsten Erzeugerländern zählt.

Die Dattelpalme eignet sich für die Kultivierung in Oasen. Mit genügend Grundwasser verträgt sie das trockene Wüstenklima, denn gegen zu starke Sonneneinstrahlung vermag sie sich durch Hochstellen ihrer Blätter zu schützen. Der seltene Regen wird durch die trichterartige Stellung der Blätter direkt dem Stamm zugeführt, dessen elastische Konstruktion dem Baum eine große Widerstandskraft gegenüber dem Wind verleiht.

Dattelpalmen werden bis zu 30 Meter hoch und bis zu hundert Jahre alt. Ihre volle Tragkraft erreichen sie zwischen dem 20. und 80. Lebensjahr. Die Nutzungsmöglichkeiten des Baumes sind groß: Die Früchte dienen als Nahrung, die Blätter als Rohmaterial für Flechtarbeiten und zum Decken der Häuser, der Stamm findet als Bauholz Verwendung. Eine Palme kann etwa 50 Kilogramm Datteln im Jahr liefern, in den Oasen liegt der jährliche Ertrag bei 30 Kilogramm.

Mit einem Zuckergehalt von 20 Prozent bei frisch gepflückten und 60 bis 70 bei Exportfrüchten gelten Datteln als besonders nahrhaft. Da sie über viele Vitamine verfügen, sind sie für die Oasenbewohner ein wichtiges Nahrungsmittel, das zudem konserviert werden kann.

Empfehlung: Sinnliches aus Nordafrika

Sie wollen einen perfekten Abend, die Vorbereitung war ein sinnliches Vergnügen. Der Raum atmet Atmosphäre, nicht ohne ein verführerisches kleines Durcheinander: Was ist letztlich erotischer als gepflegte Unordnung? Neugierig sehen sich die Gäste um, spüren den Gerüchen der Gerichte nach, ergeben sich leiser Musik. Was folgt? Ein Menü in seiner ganzen überlegten Durchtriebenheit, mit einem würzigen Hauptgericht (Dattel-Tagine) und einem verführerischen Dessert (Dattel-Rauten).

◆ Das Fleisch in große Stücke schneiden. In einer Tagine Butter zerlassen und das Fleisch kurz darin anbraten. 1 TL Pfeffer, Safran, Salz und Zwiebeln zugeben. Mit ¾ l Wasser ablöschen, die Zimtstange hinzufügen. Zudecken und etwa eine Stunde köcheln, bis sich das Fleisch leicht mit den Fingern zerteilen lässt. Wenn nötig, weiteres Wasser zugießen.
Honig und Zimt zugeben, alles weitere 5 Minuten köcheln. Das Fleisch in der Sauce wenden, herausnehmen und zur Seite legen. Datteln waschen, abtropfen lassen und in die Tagine geben. Gut mit der Sauce vermischen und alles erneut etwa 10 Minuten köcheln. Wenn nötig, weiteres Wasser zugießen.
Die Datteln an den Rand der Tagine schieben und das Fleisch in die Mitte legen. Nochmals kurz aufkochen und abschmecken – die Datteln sollten nicht zu lange garen.
In einer fettfreien Pfanne die Sesamkörner unter ständigem Rühren bräunen. Die Mandeln in etwas Öl goldbraun rösten. Das Fleisch vor dem Servieren damit bestreuen.

Dattel-Tagine
Marokko

2 Stunden Vorbereitungs-
 und Kochzeit
für 6 Personen

1 kg Fleisch (Hammel,
 Rind)
150 g Butter
1 Prise Safran
2 fein gehackte Zwiebeln
½ Zimtstange
2 EL Honig
1 TL gemahlener Zimt
50 g frische Datteln
1 EL Sesamkörner
150 g geschälte Mandeln
Öl

Zwei Stunden später: Das Essen selbst kann nicht besser sein, die Sinne sind aufs Höchste sensibilisiert. Seufzend lehnen sie sich zurück und sind restlos zufrieden. Restlos? Nein, etwas fehlt! Das Bindeglied zwischen den Genüssen des Fleisches: das Dessert.
   Jetzt muss der Gastgeber zeigen, was er kann, um am Ende nicht nur die Inszenierung des Abends in der Hand gehalten zu haben. Das Nachspiel am Tisch geht über in das Vorspiel für das Bett: Das ist die *haute cuisine* der Verführung. Hier muss der Appetit Gelegenheit bekommen, wieder zum »Hunger« zu werden:

Die »haute cuisine« der Verführung

Dattel-Rauten
Nordafrika

1 kg Datteln
Öl
2 EL Orangenblütenwasser
2 TL gemahlener Zimt
1 kg feiner Weizengrieß
4 EL Zucker
Honig

◆ Die Datteln entkernen und im Mixer pürieren. Mit 3 EL Öl, Orangenblütenwasser und Zimt zu einer gleichmäßigen Masse verrühren. Zur Seite stellen.
Weizengrieß mit 4 EL Öl vermischen. Zucker sowie eine Prise Salz zugeben und kneten, bis ein geschmeidiger Teig entsteht. Die Hälfte des Teigs ausrollen und mit der Dattelmasse bestreichen. Die andere Hälfte ausrollen und darauf legen. Gut zusammendrücken und Rauten ausschneiden.
Öl erhitzen und die Rauten darin goldbraun werden lassen. Honig erwärmen. Die Rauten aus dem Öl nehmen, gut abtropfen lassen und in den Honig tauchen. Herausnehmen, wieder gut abtropfen lassen und zum Erkalten auf ein Gitter legen.

Weitere Dattelgerichte

◆ Die Kürbisse halbieren und in sprudelndem Salzwasser gar kochen. Vom Herd nehmen und zum Abkühlen zur Seite stellen. Die Kartoffeln würfeln, weich kochen und zerstampfen. Den Porree klein schneiden. Das Fleisch aus den erkalteten Kürbishälften heben, die Schalen aufbewahren.
In einer Pfanne Butter zerlassen, Porree und Knoblauch darin andünsten. Die Pfanne vom Herd nehmen, Kartoffelpüree und Kürbisfleisch hineingeben. Datteln einrühren, mit weißem Pfeffer abschmecken. Die Füllung auf die Kürbisschalen geben und mit Parmesan bestreuen. Locker in Aluminiumfolie einschlagen und im Ofen bei 150° 10 bis 15 Minuten erhitzen oder grillen.
Aus der Folie wickeln und servieren.

◆ Für die Füllung alle Zutaten miteinander vermischen und durchkneten. Die Datteln der Länge nach einschneiden, entkernen und mit der Mischung füllen.

Dattelgefüllter Kürbis
alle Länder

für 8 Personen

5 Kürbisse
4 Kartoffeln
4 Stangen Porree
50 g Butter
2 Knoblauchzehen
40 g getrocknete gehackte Datteln
40 g geriebener Parmesankäse

Gefüllte Datteln
Arabische Länder

frische oder getrocknete Datteln

für die Füllung:
100 g Pistazien
50 g Butter
1 EL Puderzucker
etwas Rosenwasser

Dattelkuchen
Ägypten

250 g frische oder 200 g getrocknete Datteln
120 g gehackte Mandeln oder Walnüsse
½ TL gemahlener Zimt
2 EL Zitronensaft
250 g Mehl
1 TL Backpulver
3 EL Zucker
1 Päckchen Vanillezucker
¼ TL Muskat
1 Prise Salz
125 g Butter

◆ Datteln entkernen und in Stücke schneiden. Den Boden eines Topfes mit Wasser bedecken, das Wasser erhitzen. Die Datteln hineingeben und kurz weich kochen.
Mandeln mit Zimt und Zitronensaft zugeben, aufkochen. Den Topf vom Herd nehmen.
Die übrigen Zutaten im Mixer zu einem Teig verarbeiten. Die Hälfte in eine ausgebutterte runde Kuchenform schichten, die Dattelmasse darüber verteilen. Den restlichen Teig in Krümeln darauf verteilen. Im auf 200° vorgeheizten Ofen etwa 45 Minuten backen.

Datteln mit Aprikosen und Nüssen
alle Länder

für 6-8 Personen

120 g getrocknete entkernte Datteln
4 EL Olivenöl
60 g getrocknete Aprikosen
60 g ganze ungebleichte Mandeln
60 g Cashewnüsse
60 g halbierte Makadamianüsse
60 g halbierte Pekannüsse
1 ungespritzte Zitrone (fein geriebene Schale)
2-3 EL Koriander
1 fein gehackte rote Chili

◆ In einer Pfanne Öl erhitzen, Trockenobst sowie Nüsse hineingeben und rühren, bis die Nüsse Farbe annehmen.
Die Pfanne vom Herd nehmen, Zitronenschale, Koriander und Chili hinzugeben. Alles durchmischen, salzen und pfeffern. Aus der Pfanne servieren.

Muscheln, Schnecken, Austern

Gaben für Oshun, Göttin der Fruchtbarkeit

Die westafrikanische Ifa-Religion weist jedem Menschen einen persönlichen Geist, einen Orisha zu, der seinem Charakter, seinen Gefühlen, Vorlieben oder Abneigungen entspricht. Entsprechend der unterschiedlichen menschlichen Natur existieren folglich Hunderte von Orishas, die sowohl den Menschen als auch dem Schöpfergott Oludumaré dienen.

Jemonja oder Yemaja gilt in der Ifa-Religion als die Urmutter allen Lebens; sie ist das Wasser, das die Erde seit Urzeiten bedeckt. In anderen Naturreligionen heißt sie deshalb auch *Mammy Water*, Mutter der Wasser. In ihr vereinigen sich Liebe und Tod, denn bei den Voodoo-Anhängern hat Jemonja den Wärter der Toten als männliche – und damit zerstörerische – Entsprechung.

Ihre Altäre sind geschmückt mit Muscheln und Wasserschalen. Vor allen Mahlzeiten werden den Göttern zu Ehren ein paar Tropfen der Getränke symbolisch auf die Erde gegossen. Jemonja ist Mutter zahlreicher gewichtiger Orishas, vor allem zweier sich nicht immer wohlgesonnener Töchter, Oshun und Oja.

Der Himmel ist kein Altersheim

Denn der afrikanische Himmel ist kein Altersheim, sondern hier tobt – darin dem griechischen ähnlich – das Leben. Den Göttern ist nichts Menschliches fremd: So verließ die Göttin Oja ihren ersten Gemahl, den Eisen-Gott Ogun, und gab sich dem Donner- und Blitz-Gott Shango hin. Der wiederum hatte eine Liebelei mit Oshun. Oja versuchte in der nachvollziehbar unbefriedigenden Situation alles, um Shango zurückzugewinnen. Aber Oshun, Göttin der Flüsse und der Fruchtbarkeit, obsiegte in diesem weiblichen Wettstreit, und Oja behielt lediglich Shangos Requisiten zum Feuermachen, die Steine, zurück, die seitdem die Altäre ihr zu Ehren schmücken.

Die unter Ojas Einfluss Stehenden gelten als eher kopfbestimmte, nüchterne Menschen, die unter dem Einfluss ihrer Konkurrentin Oshun als sinnlich, aus dem Bauch heraus lebend. Sie sind durch gutes Essen zu verführen – schließlich ist die Küche oder das Schlafzimmer der Standort des Altars, den Honig, Früchte, Wein und Süßigkeiten zieren. Immer aber gehören Kauri-Schnecken dazu, denn die sind allein aufgrund der Vulva-Form das weibliche Fruchtbarkeitssymbol schlechthin. Im Voodoo wandelt sich Oshun zur Liebesgöttin.

Bittet eine Westafrikanerin ihre für die Fruchtbarkeit zuständige Göttin Oshun, ihr den lang gehegten Kinderwunsch zu erfüllen, so muss sie Muscheln, einen Süßwasserfisch oder ein Huhn, in schwerwiegenderen Fällen – afrikanische Gemeinden machen den Fortbestand einer Ehe durchaus von der Geburt von Kindern abhängig – eine Ziege opfern. Je schwerer das Opfer der Opfernden selber fällt, desto größer seine Tragweite und Wirkung. Nie wird einem Gott irgendein beliebiges Tier geopfert. Denn auch er hat sehr klare persönliche Vorlieben.

Muscheln auf dem Altar

**Empfehlung:
Feier unter Freundinnen**

Austern, Muscheln und Schnecken gelten weltweit seit langem als wirkungsvolles Aphrodisiakum. Afrikanerinnen – hier geht es ausschließlich um die weibliche Sexualität – zerreiben beispielsweise deren Schalen und mischen sie unter die Getränke. Als weltweit bekanntes Symbol für die Vulva, der sie in ihrer Form ähneln, sollen Muscheln helfen, die Liebe neu zu entfachen. Machen Sie eine Feier unter Freundinnen daraus:

Muschel-Krabben-Fisch-Couscous
Nordafrika

für 10 Personen

1 kg Couscous-Grieß
1 Tasse Öl
150 g Butter

für den Sud:
700 g Fisch
200 g Huhn
500 g frische Krabben
   ohne Schale
500 g frische Muscheln
1 Bund Petersilie

◆ Grieß waschen und schnell abtropfen lassen. Mit der Hand auf einer großen Platte verteilen, um die Körner voneinander zu trennen.
Für den Sud Fisch und Hühnerfleisch in kleine Stücke zerteilen, die Krabben gründlich waschen. Die Petersilie hacken.
2 l Salzwasser in den unteren Teil eines Couscous-Kochtopfes gießen und erhitzen. Fisch, Krabben, Muscheln und Huhn hineingeben, Petersilie hinzufügen, mit 1 TL Pfeffer würzen. Den Grieß in den oberen Teil des Topfes geben und den Sud zum Kochen bringen. Wenn Dampf aus dem Topf tritt, den Grieß 30 Minuten dämpfen.
Den Grieß herausnehmen und wiederum auf der Platte verteilen. Mit etwas Öl und anschließend etwas Wasser anfeuchten und lockern, um die Körner voneinander zu trennen. Nach und nach das restliche Öl und insgesamt ½ l Wasser zugeben – Öl und Wasser sollten zum Schluss gleichmäßig verteilt sein. Den Grieß stehen lassen, bis das Wasser vollständig aufgesogen ist.

Den Grieß zum zweiten Mal in den oberen Teil des Topfes geben. Wenn nötig, dem Fischsud weiteres Wasser zugeben. Den Sud zum Kochen bringen und den Grieß dämpfen. Sobald viel Dampf austritt, ihn erneut herausnehmen und auf der Platte verteilen. 1 EL Salz darüber streuen und Butter in Flocken zufügen. Den Grieß lockern, um die Körner voneinander zu trennen und Butter und Salz gleichmäßig zu verteilen. Den Fischsud abschmecken.

Kurz vor dem Servieren den Grieß zum dritten Mal in den oberen Teil des Topfes geben und einige Minuten im Dampf des Fischsuds erwärmen. Aus dem Topf nehmen, nochmals lockern und ringförmig auf einer Platte anrichten. Mit reichlich Sud übergießen und Fisch, Krabben, Muscheln und Fleisch in die Mitte des Couscous geben.

Weitere Austern-, Schnecken-, Muschelgerichte

Meeresfrüchtesuppe
Ghana

für 4 Personen

4 Krebse
150 g getrocknete Garnelen
100 g Dörrfleisch
4 Tomaten
4 kleine Auberginen
6 Muscheln ohne Schale
3 Weinbergschnecken
  ohne Schale
3 gehackte Chilis
4 gehackte Zwiebeln

◆ Die Krebse kurz garen, das Fleisch auslösen. Die Garnelen wässern. Das Dörrfleisch in Streifen schneiden. Tomaten vierteln, Auberginen würfeln.
Krebse, Garnelen, Muscheln und Schnecken in 1 l leicht gesalzenem Wasser zum Kochen bringen. Die übrigen Zutaten beifügen und alles bei starker Hitze 20 Minuten kochen. Die Hitze reduzieren und alles weitere 10 Minuten köcheln. Heiß servieren.
Beilage: Knollenbrei (Seite 129) oder Brot

Schnecken in scharfer Sauce
Nigeria

für 4 Personen

500 g Weinbergschnecken
  ohne Schale
2 Tomaten
Palmöl
1-2 TL Cayennepfeffer
1 gehackte Zwiebel

◆ Die Tomaten vierteln.
Öl stark erhitzen und den Cayennepfeffer einrühren, Zwiebel und Tomaten darin 10 Minuten anbraten.
Die Schnecken zugeben und alles weitere 10 Minuten braten.

Spinatsuppe
Ghana

für 6 Personen

500 g Spinat
2 Tomaten
200 g Champignons
2 Auberginen
6 Okras
3 Krebse
125 g Dörrfleisch
3 gehackte Zwiebeln
3 gehackte Knoblauchzehen
2 gehackte Chilis
6 geräucherte
 Weinbergschnecken
1 Brühwürfel

◆ Den Spinat in Streifen schneiden und blanchieren. Tomaten vierteln, Champignons, Auberginen und Okras klein schneiden. Die Krebse kurz garen, das Fleisch auslösen. Das Dörrfleisch würfeln.
1½ l Wasser erhitzen, nacheinander Zwiebeln, Knoblauch, Auberginen, Okras, Tomaten, Chilis und Champignons hineingeben, aufkochen. Krebse, Schnecken und Dörrfleisch zugeben. Nach 20 Minuten Kochzeit Spinat und Brühwürfel beifügen. Weitere 40 Minuten kochen. Mit Salz abschmecken und heiß servieren.

Klare Suppe
Ghana

für 6 Personen

100 g Trockenfisch
4 Tomaten
2 Auberginen
120 g gemischte Pilze
120 g geschälte Garnelen
6 Weinbergschnecken
 ohne Schale
3 gehackte Chilis
2 gehackte Zwiebeln
2 gehackte Knoblauchzehen
1 Tasse Fleischbrühe

◆ Den Trockenfisch wässern. Tomaten vierteln, Auberginen würfeln. Pilze, Garnelen, Schnecken und Trockenfisch in kleine Stücke zerteilen.
1 l Wasser zum Kochen bringen und nacheinander Pilze, Garnelen, Schnecken, Fisch, Chilis, Zwiebeln, Knoblauch, Tomaten und Auberginen hineingeben. Mit Brühe aufgießen und aufkochen. Die Temperatur reduzieren und bei mittlerer Hitze 30 Minuten garen.
Beilage: Knollenbrei (Seite 129) oder Brot

Scharfer Schneckenspieß
Ghana

für 4 Personen

350 g Weinbergschnecken ohne Schale
½ Tasse Grillpulver (Seite 118)
2 Auberginen
2 Zwiebeln

◆ Die Schnecken in Grillpulver wälzen. Die Auberginen würfeln, die Zwiebeln in große Stücke schneiden. Auberginen und Zwiebeln in leicht gesalzenem Wasser getrennt voneinander aufkochen.
Abwechselnd Schnecken, Auberginen und Zwiebeln auf Spieße stecken und im vorgeheizten Ofen bei 180° 30 Minuten rösten.
Beilage: Weißbrot

Grillpulver »Suya mako«
Burkina Faso

1 Tasse getrocknete Maiskörner
1 EL Mehl
1 EL Cayennepfeffer
½ TL gemahlener Ingwer
2 EL Paprika
2 EL Currypulver (Seite 85)
1 EL gemahlene Erdnüsse
½ TL geriebene Muskatnuss
1 TL schwarzer Pfeffer
1 TL weißer Pfeffer

Das Pulver eignet sich besonders zum Einreiben von Hammel- oder Ziegenfleisch.

◆ Den Mais ohne Öl 8 Minuten rösten und im Mixer zu Pulver mahlen. Das Mehl untermischen, die übrigen Zutaten zugeben und gut vermengen.
Zum Aufbewahren in einen luftdichten Glasbehälter füllen.

Austernspieße
Ghana

für 4–6 Personen

250 g Austern oder
  Flussmuscheln
Butter
3 gehackte Zwiebeln
3 gehackte Knoblauchzehen
8 Tomaten
1 Tasse Tomatenmark
½ TL rote Pfefferpaste
  (Seite 75)
Currypulver (Seite 85)
geriebene Muskatnuss
1 Limone (Saft)
1 Bund Petersilie

◆ Die Austern in leicht gesalzenem Wasser dünsten, bis sich die Schalen öffnen. Das Fleisch auslösen.
Butter erhitzen, Zwiebeln und Knoblauch darin anbraten. Die Tomaten würfeln und mit Tomatenmark und Pfefferpaste zugeben. Umrühren und, falls nötig, etwas Wasser zugießen. Zudecken und bei verringerter Hitze 5 Minuten köcheln.
Die Austern in die Sauce geben, mit je einer Prise Curry und Muskat abschmecken. Aufkochen und die Flüssigkeit reduzieren.
Die Austern auf Holzspieße stecken und auf ein Backblech legen. Mit Sauce übergießen und im vorgeheizten Ofen bei 150° 10 Minuten backen. Vor dem Servieren Limonensaft über die Spieße träufeln und gehackte Petersilie darüber streuen.
Beilage: Brot, Yams oder Kartoffeln

Gegrillte Schnecken
Liberia

für 8 Personen

500 g Weinbergschnecken
  ohne Schale
Pimentkörner
1 Bund Petersilie
1 Tasse Palmöl

◆ Die Schnecken salzen und pfeffern, jeweils fünf Stück in Aluminiumfolie wickeln. Die Päckchen in Holzkohlenglut oder im Backofen etwa 10 Minuten garen.
Die Pimentkörner zerstoßen und die Petersilie hacken, beides mit dem Öl verrühren.
Die Schnecken auswickeln, auf einer Platte anrichten und vor dem Servieren mit der Petersiliensauce übergießen.

Der duftende Garten des Scheik Nefzaui

Literarischer Zwischengang

Dort warteten sie bis zum Beginn der Nacht. Dann öffnete sich die heimliche Tür und eine Negerin mit einer Fackel trat ein, welche alle Leuchter und Kerzen anzündete. Dann ordnete sie die Betten, richtete die Tische her, trug noch Speisen aller Art auf, stellte Becher und Flaschen hin und parfümierte endlich die Luft mit den herrlichsten, süßesten Wohlgerüchen.

Ein wenig später erschienen die Jungfrauen. Mattigkeit und Gleichgültigkeit lag auf ihren Zügen. Sie setzten sich und die Negerin reichte ihnen Speisen und Getränke. Sie aßen, tranken und sangen mit melodischen Stimmen.

Als sie vom Wein benebelt waren, kamen die vier Männer aus ihrem Versteck, hielten die Säbel in den Händen und schwangen sie über den Köpfen der Jungfrauen.

Sie hatten ihre Gesichter unter einem Zipfel ihrer Gewänder verborgen.

»Wer sind die Leute«, rief Zohra, »die unter dem Schutz der Dunkelheit gewaltsam in unser Haus eindringen? Kommt ihr aus den Eingeweiden der Erde oder seid ihr vom Himmel herabgestiegen? Was wollt ihr?«

»Die Begattung!«, riefen sie.

»Mit welcher Frau?«

»Mit dir, Leuchte meiner Augen«, sagte Abou el Heïdja und näherte sich ihr.

Zohra: »Wer bist du denn?«

Abou: »Ich bin Abou el Heïdja.«

Zohra: »Aber woher kennst du mich?«

Abou: »Ich bin der, den du an dem und dem Ort auf der Jagd getroffen hast.«

Zohra: »Aber wer hat dich an diesen Ort geführt?«
Abou: »Allahs Wille.«
Nach dieser Antwort schwieg Zohra und dachte über das Mittel nach, das sie anwenden müsste, um sich aus dieser Lage zu befreien.

Unter ihren Jungfrauen waren einige, die noch niemand hatte entjungfern können. Auch befand sich im Palast eine Frau namens Mouna, das heißt Erfüllerin aller Begierden, die niemand beim Beischlaf sättigen konnte. Zohra dachte sich: »Nur eine Kriegslist kann mich vor diesen Leuten retten. Mittels dieser Frauen werde ich ihnen Bedingungen auferlegen, die sie nicht erfüllen können, um sie loszuwerden.« Darauf wandte sie sich an Abou el Heïdja und sagte: »Nur dann wirst du mich besitzen, wenn du die Bedingungen erfüllst, die ich stelle.« Die vier Männer beeilten sich, sie im Voraus anzunehmen, und sie fuhr fort: »Erfüllt ihr sie nicht, so werdet ihr meine Gefangenen, und ihr werdet ganz und gar mir gehören.« Sie antworteten: »Sei es so.«

Sie ließ sie schwören, ihren Worten treu zu bleiben. Dann legte sie ihre Hand in die Hand Abou el Heïdjas und sagte: »Dir lege ich auf, achtzig Jungfrauen zu deflorieren, ohne zu ejakulieren. Dies ist mein Wille.«

Er antwortete: »Angenommen!«

Darauf ließ sie ihn in ein Zimmer eintreten, wo sich verschiedene Betten befanden, und sie schickte ihm nacheinander die achtzig Jungfrauen. Abou el Heïdja deflorierte sie alle und genoss so in einer einzigen Nacht die Jungfernschaft von achtzig Jungfrauen, ohne auch nur einen einzigen Tropfen Samen zu vergießen. Eine so außerordentliche Kraft setzte Zohra und alle Anwesenden in größte Verwunderung.

Darauf wandte sich die Prinzessin an den Neger Mimoun und fragte: »Wie heißt dieser da?« Sie antworteten: »Mimoun.«

Die Prinzessin zeigte ihm Mouna und sagte ihm: »Was dich anbetrifft, so wirst du diese Frau fünfzig Tage nach der Reihe unaufhörlich, ohne dich auszuruhen, begatten. Wenn du willst, brauchst du nicht zu ejakulieren. Aber wenn Müdigkeit dich zwingt einzuhalten, hast du deine Aufgabe nicht erfüllt...«

Alle wollten gegen die Härte einer solchen Bedingung Einwände machen, aber der Neger widersprach und sagte:

»Ich nehme diese Bedingung an und ich werde mich mit Ehren aus der Affäre ziehen.«

Dieser Neger hatte in der Tat eine unersättliche Vorliebe für den Beischlaf.

Zohra befahl ihm, mit Mouna in ihr Zimmer einzutreten, und dieser trug sie auf, ihr sofort Mitteilung zu machen, wenn sie bei dem Neger das kleinste Zeichen von Müdigkeit entdecken würde.

Dann wandte sie sich an Abou el Heïdjas Freund und fragte: »Wie heißt du?«

Er antwortete: »Abou el Heïloukh.«

»Dir lege ich auf«, sagte die Prinzessin, »dass du dreißig Tage vor diesen Frauen und Jungfrauen verweilst, mit einem Tag und Nacht ununterbrochen erigierten Gliede.«

Endlich fragte sie den Vierten: »Wie heißt du?«

»Felah« (Glück), war die Antwort.

»Gut, Felah«, sagte sie, »du wirst uns für alle Dienste, die wir von dir verlangen, zur Verfügung sein.«

Zohra, die ihnen allen jeden Grund zu einer Entschuldigung oder der Erklärung, man hätte sie missverstanden, nehmen wollte, hatte alle vorher genau befragt, wie sie sich während ihrer Probezeit ernähren wollten. Abou el Heïdja hatte als einziges Getränk mit Honig vermischte Kamelmilch verlangt und als einzige Nahrung nur gebackene Kichererbsen mit Fleisch und vielen Zwiebeln. Bei dieser Nahrung konnte er unter Allahs Beistand sein kühnes Unternehmen durchführen. Abou el Heïloukh verlangte als Nahrung mit Fleisch gebackene Zwiebeln und als Getränk den mit Honig vermischten Saft sorgfältig geschälter Zwiebeln. Mimoun erbat sich Eigelb und Brot.

Nach Erfüllung der gestellten Bedingung bat Abou el Heïdja Zohra, dass er es nun auch ihr besorgen könnte, aber sie antwortete: »Oh, das ist unmöglich! Die Klausel, der du dich gefügt hast, kann nicht von der Erfüllung der Bedingungen der anderen getrennt werden. Ist alles der Ordnung nach erfüllt, wirst du mich meinen Worten treu finden. Wenn aber einer seine Aufgabe nicht erfüllt, werdet ihr nach Allahs Willen alle meine Gefangenen sein.«

[…]

Aber als der zwanzigste Tag gekommen war, fing sie an traurig zu werden, am dreißigsten konnte sie ihre Tränen nicht mehr zurückhalten. An diesem Tage lief die Probezeit Abou el Heïloukhs ab, der, nachdem er seine Probe glanzvoll bestanden hatte, an der Seite seines Freundes Platz nahm, mitten unter den Frauen und jungen Mädchen, die mit unerschütterlicher Ruhe fortfuhren zu essen und zu trinken.

Nun setzte die Prinzessin ihre letzte Hoffnung darauf, dass der Neger Mimoun ermüden und nicht ans Ziel gelangen könnte. Sie ließ sich jeden Tag Nachrichten von Mouna holen, wie die Dinge ständen. Mouna ließ sagen, was die Prinzessin in Verzweiflung versetzte, dass die Kräfte des Negers jeden Tag größer würden. Zohra sah ein, dass Abou el Heïdja und seine Gefährten Sieger bleiben würden. Eines Tages sagte sie ihnen: »Ich habe wieder um Nachrichten geschickt, und Mouna hat mir sagen lassen, dass der Neger am Ende seiner Kräfte wäre.« Darauf rief Abou el Heïdja aus: »Bei Allah! Wenn er nicht aushält, ja, wenn er nicht zehn Tage länger als ausbedungen am Werk bleibt, soll er den schimpflichsten aller Tode sterben.«

Der treue Diener aber hatte in fünfzig Tagen nicht einen Augenblick bei seiner Arbeit der ewigen Begattung Pause gemacht, und er machte auch noch die weiteren zehn Tage ab, die ihm sein Herr auferlegt hatte. Darüber zeigte sich Mouna im höchsten Maße erfreut, denn endlich einmal war ihre Begierde gestillt. Mimoun, der sieghaft seine Probe bestanden hatte, konnte sich stolz zu seinen Freunden setzen.

Abou el Heïdja sagte darauf zu Zohra: »Du siehst, dass wir alle Bedingungen erfüllt haben, welche du uns auferlegt hast. Jetzt ist es an dir, mir den Preis zu zahlen, der nach unseren Abmachungen mir gebührt.«

»Das ist nicht mehr als gerecht«, sagte die Prinzessin und gab sich ihm hin; er fand in ihr die Herrlichste der Herrlichsten.

Der Neger Mimoun heiratete Mouna, Abou el Heïloukh wählte unter den Jungfrauen jene, die ihm am anziehendsten erschien.

Sie blieben alle in diesem Palast und gaben sich dem guten Leben und allen Freuden hin, bis der Tod ihrem Leben ein Ziel setzte.

Ich habe diese Geschichte ... erzählt, weil sie zeigt, welchen Einfluss die Speisen und Mittel haben, welche ich aufgezählt habe, Mittel, deren alle Weisen sich bedienen, weil sie ihre Heilwirkung kennen.

Noch andere Tränke gibt es, die gut sind. Ich erwähne noch: eine Mischung von einem Maß Zwiebelsaft und zwei Maßen Honig, den man entschäumt hat. Man lässt diese Mischung auf kleinem Feuer kochen, bis der Zwiebelsaft verdunstet und der Honig allein geblieben ist. Diesen Rest nehme man vom Feuer, lasse ihn erkalten und bewahre ihn auf, bis man ihn gebrauchen will. Dann tut man drei Unzen Kichererbsen hinzu und lässt diese einen Tag und eine Nacht ausziehen.

Dieses Getränk nehme man im Winter, des Abends, wenn man sich schlafen legen will. Es darf aber nur in kleinen Mengen genossen werden, nur einmal am Tage. Die Wünsche, die dieser Trank entfacht, lassen den Mann während der folgenden Nacht nicht los. Wer dieses Getränk an mehreren Tagen nimmt, wird immer liebesbereit sein und keine Ruhe haben. Ein Mann von heißem Temperament darf diesen Trank nicht nehmen, da er sonst Fieber bekommen würde. Wenn man nicht etwa schon alt und von kaltem Temperament ist, darf man dieses Mittel nicht länger als drei Tage auf der Reihe nehmen.

Niemals darf man es im Sommer anwenden.

Sicher habe ich gefehlt, indem ich dieses Buch niedergeschrieben habe, aber verzeihe du mir, Allah, den man nie vergeblich anruft! Bedecke mich dafür nicht am Tage des letzten Gerichtes mit Schande. Dich aber, mein Leser, beschwöre ich zu sagen: »So sei es ... «

Der duftende Garten des Scheik Nefzaui. Seite 175 ff.

Yams

Die Speise der Götter

Lohn für ein Opfer

Das Fleisch der bis zu einem Meter langen Wurzel kann weiß, gelb oder rötlich sein. Es enthält neben Kohlehydraten Vitamine und das Hormon Prostagen, das dafür sorgt, dass afrikanische Frauen weniger unter Wechseljahrbeschwerden leiden. Yams werden dazu verwendet, den Blutfluss zu steigern, damit die Menstruation herbeizuführen und Geburten zu erleichtern; auch werden sie zur Empfängnisverhütung eingesetzt.

Die Blätter und Stängel der Yamswurzel flechten Schamanen zu Zauber- und Liebesschnüren; ihren Saft verwenden sie für Zaubertränke, um verlorene Seelen wieder zu finden.

Der zentrale Mythos der Priester-Kaste der Nri bei den nigerianischen Igbos erzählt, dass der oberste Gott Chukwu der Yamswurzel diese herausragende Rolle zugewiesen habe. Die alles begründende Begegnung fand statt zwischen Chukwu und Eri. Eri und seine Frau Namaku hatten die nahezu unmögliche Forderung des Gottes akzeptiert, ihre einzigen Kinder, einen Sohn und eine Tochter, zu opfern, um in Zukunft mit Nahrung versorgt zu werden. Nachdem sie ihre Kinder getötet und begraben hatten, wuchs auf dem Grab des Sohnes eine Yams-Pflanze und eine Cocoyams auf dem der Tochter. Eri und seine Familie erhielten als Gegengabe für ihren Gehorsam gegenüber Gott das Privileg, in Zukunft die Hohen Priester stellen zu dürfen.

In zahlreichen afrikanischen Liedern und Gedichten werden die Qualitäten der Yams-Pflanze gepriesen. Bei fast allen westafrikanischen Völkern haben Yams eine mythische oder rituelle

Bedeutung und werden für die wichtigsten Feste zubereitet. Bestimmte Sorten dürfen nur von Männern angebaut werden, andere sind ausschließlich den Frauen vorbehalten.

Ein Yoruba-Kindergedicht über Yams: »Yam, Yam, Yam / du bist von reinstem Weiß. / Du hast einen Umhang von Fleisch. / Du hast eine Mütze von Gemüse. / Du hast Hosen von Fisch. / Yam, oh Yam, oh Yam.«

Tradiert ist ein Rezept zur Vergrößerung des männlichen Organs, dessen medizinische Wirkung nicht nachgewiesen ist. Dennoch sollen sowohl Yams als auch Petersilie eine verstärkte Blutzufuhr bewirken. Wer den Anteil an Petersilie verdoppelt, erhöht angeblich seine Fruchtbarkeit. Je drei Unzen Yamswurzeln, Petersilie, fein gemahlene Stalaktiten, Sumpfporstkraut und weiches Mark von Hirschhorn werden mit Reiswein zu einem dünnen Trank gemischt. Wenn ein Mann davon täglich zwei Gläschen trinkt, wird sein Penis größer…

**Empfehlung:
Ein Dank an die Götter**

Die Ewe aus den Regenwäldern Togos und Ghanas feiern ein jährliches Fest zu Ehren der Yams, *hogbetsotso* genannt. Eine Art Erntedankfest: Alle Bauern der Umgebung kommen zusammen und präsentieren ihre Ernteerträge den Ahnengöttern als Dank dafür, dass diese über Anbau und Aufzucht gewacht haben. Die Zeremonien erstrecken sich über eine Woche. Eine wirkliche Unterscheidung zwischen Ernteritualen, religiösem Dienst an Göttern, Geistern und Ahnen sowie Vergnügen ist hier nicht auszumachen. Der Kriegsgott Tato wird für eine reiche Yams-Ernte um seinen Segen gebeten – eine Zeremonie, in der ein Priester am heiligen Ort, dem Schrein, die erste entwurzelte Yams der diesjährigen Ernte, mit Maismehl, Palmwein und Wasser opfert. Die Wurzel wird zerteilt und auf den Boden gelegt, nachdem der Priester damit die Zunge desjenigen berührt hat, der sie geerntet hat. Damit dieser sich dem heiligen Ort überhaupt nähern darf, staubt ihn der Priester vorher mit Kreidepulver und Kaolin ein beziehungsweise reinigt ihn und untersagt ihm schon vorher, sich sexuell zu betätigen – und er darf niemanden getötet haben.

In der Festzeit sind die Straßen gesperrt, um bösen Geistern den Zutritt zu verwehren; die Menschen reinigen ihre Häuser und brauen in weiser Voraussicht Palmwein. Am Ende der Zeremonie steht die Ernte der Yamsknollen, die zum Verzehr zuerst den Göttern, dann den Ahnen und schließlich den Chiefs angeboten werden. Jeder, der diese Zeremonie und ihre Reihenfolge missachtet, wird vom Unglück gestraft. Schließlich gewinnen die Zeremonien immer mehr Festcharakter, es wird gegessen, getanzt, gesungen, getrunken und geliebt. Denn, wie es bei den Fewe heißt: »Wenn man für etwas schwer arbeitet, dann sollte man auch dessen süße Frucht genießen.«

Yams-Festspeise
Ghana

für 6 Personen

500 g Yams
2 geräucherte Heringe
Palmöl
3 gehackte Zwiebeln
6 Eier

◆ Yams würfeln und in leicht gesalzenem Wasser garen. Die Fische zerpflücken.
Öl erhitzen, Fische und Zwiebeln darin braten, bis der Fisch zerfällt und sich eine dickflüssige Sauce bildet.
Yams mit einer Gabel zerdrücken, salzen und pfeffern. Sauce zugeben und gut untermischen. Im vorgeheizten Ofen bei 200° 10 Minuten backen.
Vor dem Servieren mit hart gekochten, geviertelten Eiern belegen.

Weitere Yamsgerichte

Überall in Afrika wird Fufu gegessen, besonders in Côte d'Ivoire, Ghana und Togo. »Funge (die ghanesische Variante des Fufu) ist Afrikas Ersatz für Brot, ein alter Freund, dem ich von der Sahara bis zur Kalahari begegnet bin; es ist die kongolesische Version von Kassawa oder anderem Mehlbrei in Westafrika, dem Poscho in Ostafrika oder dem Mealie, dem Maismehl in Zululand. Funge ist ein dicker Brei, den man mit den Fingern essen kann.« (Laurens van der Post)

Fufu, darin sind sich zumindest die Westafrikaner einig, lautet die Bezeichnung für einen Brei aus gestampften Knollenfrüchten. Was allerdings hineingehört, darüber gehen die Meinungen weit auseinander: Maniokbrei, eine Mischung von Kochbananen und Maniok, ein Yams-Kloß – alles ist möglich (siehe Bananen-Fufu, Seite 137).

In Afrika werden Kochbananen, Maniok, Yams oder Cocoyams zunächst weich gekocht und dann in einem Mörser gestampft, bis eine feine, breiartige Masse entsteht – eine anstrengende Prozedur.

◆ Die Knollen schälen und gegebenenfalls in Stücke oder Scheiben schneiden. In leicht gesalzenem Wasser garen, anschließend im Mixer pürieren.

Knollenbrei

1 kg Maniok, Yams, Cocoyams oder Süßkartoffeln

Cocoyams-Bananen-Brei
Kamerun

für 6-8 Personen

2 kg Cocoyams
4-6 grüne Bananen

Achu, ursprünglich in den Nordostprovinzen Kameruns sehr beliebt, wird dort zu fast allen Zeremonien gereicht. Heute ist er in ganz Kamerun eine so bekannte Speise, dass in vielen Städten Achu-Speisehäuser eingerichtet wurden.

◆ Die Yams gründlich waschen und fast weich kochen. Die ebenfalls gründlich gewaschenen Bananen zugeben und beides etwa anderthalb Stunden weich kochen.
Die Bananen schälen und im Mörser zerstampfen. Die Cocoyams schälen, in kleinen Portionen in den Mörser geben und im Bananenpüree zerstoßen, bis eine glatte, sämige Paste entsteht. In einer Schale anrichten.

Yamsbrei
Benin

für 4 Personen

1 kg Yams
50 g getrocknete Garnelen
1 EL Palmöl
3 Tomaten
1 gehackte Zwiebel
4 gehackte Chilis

Eignet sich als Beilage vor allem zu Fischgerichten.

◆ Die Garnelen wässern. Yams in fingerdicke Scheiben schneiden und in leicht gesalzenem Wasser mit dem Öl 20 Minuten garen.
Die Tomaten vierteln und mit Zwiebel, Garnelen, Chilis und ½ Tasse Wasser im Mixer pürieren. Das Püree zu den Yams geben. Unter ständigem Rühren bei mittlerer Hitze 10 Minuten kochen, bis ein dicker Brei entsteht.

Frittierte Yams
Nigeria

für 4-6 Personen

500 g Yams
Pflanzenöl

Frittierte Yams werden meist mit Saucen aus Zwiebeln und Spinat oder Auberginen gegessen. Wer dem Genuss eine noch pikantere Note verleihen möchte, reicht außerdem Pfeffersauce zum Tunken.

◆ Yams in kleine Stücke oder dünne Scheiben schneiden und mindestens 5 Minuten in gesalzenes Wasser legen.
Reichlich Öl erhitzen. Die Yamsstücke mit Küchenpapier abtupfen, in das heiße Öl geben und darin frittieren.
Herausnehmen und auf Küchenpapier kurz abtropfen lassen. Heiß servieren.

Variante:
Statt Yams Cocoyams oder Süßkartoffeln verwenden.

Yams-Kroketten
Nigeria

200 g Yams
2 Tomaten
1 gehackte Zwiebel
1 Ei
2 gehackte Chilis
Mehl
Erdnussöl

◆ Yams in fingerdicke Scheiben schneiden und in leicht gesalzenem Wasser 20 Minuten garen.
Die Tomaten würfeln. Yams im Mixer pürieren, salzen und pfeffern. Nacheinander Zwiebel, Ei, Tomaten sowie Chilis beifügen und mitpürieren. Aus der Masse eigroße, ovale Kugeln formen und in Mehl wenden.
Öl erhitzen und die Kroketten darin braten, bis sie braun und knusprig sind.
Heiß servieren.

Variante:
Etwas Corned Beef, frischen Thymian und Currypulver (Seite 85) unter das Yamspüree mischen.

Gebratene Pilze
Ghana

für 6 Personen

500 g gemischte Pilze
300 g Yams
2 Eier
100 g Butter
Palmöl
2 gehackte Zwiebeln
50 g gehackter frischer Koriander

◆ Yams in etwa 3 cm dicke Scheiben schneiden und gar kochen. Währenddessen die Pilze in Scheiben schneiden.
Die Eier mit je einer Prise Pfeffer und Salz verschlagen, die Yamsscheiben darin wälzen.
Butter erhitzen und die Yamsscheiben von beiden Seiten darin goldbraun braten. Warm stellen.
Öl erhitzen, Pilze und Zwiebeln 5 Minuten darin braten. Mit ½ Tasse Wasser ablöschen. Zudecken und 5 bis 10 Minuten köcheln.
Die Pilze auf die Yams schichten, mit Koriander bestreuen und heiß servieren.

Gemüsebratlinge
Nigeria

für 6 Personen

3 Süßkartoffeln
2 Tarowurzeln
1 Yams
2 reife Kochbananen
Pflanzenöl

◆ Süßkartoffeln, Taro und Yams in kleine Stücke schneiden und 30 Minuten in gesalzenes Wasser legen. Die in Scheiben geschnittenen Kochbananen ebenfalls 3 Minuten in gesalzenes Wasser legen. Dann alles mit Küchenpapier abtupfen.
Reichlich Öl erhitzen und die Gemüse in kleinen Portionen darin goldbraun braten. Die einzelnen Portionen im Backofen warm halten.
Vor dem Servieren mit Salz bestreuen, dazu Saucen nach Geschmack reichen.

Pürierte weiße Yams
Liberia

für 4-6 Personen

1 kg weiße Yams
Palmöl
½ TL schwarzer Pfeffer

◆ Die Yams in Scheiben schneiden und in Salzwasser kochen. Das Wasser abgießen und die Wurzeln pürieren. Das Öl 2 Minuten erhitzen und untermischen. Salzen, pfeffern und pur oder mit Sauce servieren.

Kochbananen und Okras

Finger der Liebe: die Kochbanane

»Die Früchte haben eine auffallende Ähnlichkeit mit dem Penis: Inder, Malayen, Chinesen, Japaner vergleichen sie mit ihm. Ihre Frauen benutzen sie an dessen Stelle zur Masturbation. Dasselbe tun die Türkinnen und Ägypterinnen«, wusste vor rund einhundert Jahren der Volkskundler Dr. Aigremont. (22)

Die Kochbanane (*banan* bedeutet im Arabischen Finger) spielt in der afrikanischen Küche eine große Rolle und findet in einigen magischen Ritualen Verwendung. Nigerianische *consultants*, die moderne Bezeichnung der Hexen, kennen vor allem eine Menge Voodoo-Rituale, mit deren Hilfe ein begehrter Mensch gebunden werden kann. Eine Kochbanane und ein paar Tropfen des eigenen Blutes müssen zusammen mit dem Hoden eines Rammlers und der Leber einer Taube in einem Ofen gebacken und anschließend pulverisiert werden. Von diesem Pulver streut man eine Prise auf den leeren Teller des Geliebten und gibt sie dem (scharfen) Essen bei.

Wer daran glaubt – ein ganz wesentliches Kriterium für den Erfolg –, führt diese Zeremonie an einem Freitag durch, dem Tag der für diese Belange zuständigen Göttin, der Orisha Oja.

Hochzeits-Bier aus Bananen

Kochbananen werden unreif geerntet und nicht roh verzehrt. Die 30 bis 40 Zentimeter langen grünen Früchte werden wie Kartoffeln gekocht oder gebraten und sind außerdem eine Grundzutat bei der Bierherstellung, das im überlieferten Hochzeits-Ritual in vielen Gegenden Afrikas eine zentrale Rolle spielt.

Für den Hochzeitstag braut die Braut im Haus ihrer Eltern Bier, das der Zukünftige erwerben muss. Da aber auch andere bei der sich anschließenden Versteigerung des Biers mitbieten können, kann es passieren, dass diese wiederholt werden muss – oder die geplante Verbindung gar nicht zustande kommt, da der Bräutigam überboten wird. Afrikaner müssen sich ihr Glück etwas kosten lassen.

Wenn der Auserwählte dagegen das Bier erfolgreich erwarb, verbringt er biertrinkend den Tag im Hof seiner zukünftigen Gattin. Am Abend tritt sie in seiner Begleitung und der ihrer Schwestern und Freundinnen mit einem vorher beiseite gestellten Bierrest den Weg zu seinem Haus an. Dort führen sich alle das Restbier zu und schließlich verbringt das Paar die Nacht gemeinsam. Damit gilt die Hochzeit als geschlossen und die Ehe als vollzogen.

Kochbananengerichte

Kochbananen schält man am besten unter laufendem Wasser, um klebrige Hände zu vermeiden.

Amatooke
Uganda

8 Kochbananen
1 EL Gewürzbutter
  (Seite 162) oder Butter

Eignet sich mit Erdnusssauce als Beilage zu Fleischgerichten.

◆ Die Bananen schälen, in Stücke oder Scheiben schneiden und mit kaltem Wasser gründlich waschen. In einem Topf mit Wasser bedecken, eine Prise Salz zugeben und aufkochen. Bei mittlerer Hitze 20 bis 25 Minuten weich kochen.
Abgießen und mit Butter servieren.

Bohnen mit knallroten Kochbananen
Ghana

für 4 Personen

500 g Schwarzaugenbohnen
  oder weiße Bohnen
Palmöl
2 gehackte große Zwiebeln
300 g Tomaten
1 kg reife, gelbe
  Kochbananen
Pflanzenöl

◆ Die Bohnen in Wasser etwa eine Stunde weich kochen, anschließend mit etwas Wasser stampfen.
In einer Pfanne Palmöl erhitzen und die Zwiebeln darin anbraten. Tomaten häuten, klein schneiden, zugeben und bei mittlerer Hitze zerkochen. Bohnenmus hinzufügen, mit Salz und Pfeffer abschmecken.
Die Kochbananen schräg in je vier Teile schneiden und 5 Minuten in gesalzenes Wasser legen.
Reichlich Pflanzenöl erhitzen und die Bananenstücke 10 Minuten darin ausbacken, bis sie eine rotbraune Farbe annehmen.

Variante:
Statt Kochbananen Yams oder Eddoes verwenden.

◆ Das Hähnchen in Stücke zerteilen. Die Cashewnüsse grob hacken, eine Knoblauchzehe und die Korianderblätter fein hacken. Die Hähnchenteile mit dem gehackten Knoblauch in Buttermilch mindestens zwei Stunden marinieren.
Währenddessen für das Kochbananenpüree die Bananen klein schneiden. Mit Curry in einen Topf mit 1 Tasse kochendem Salzwasser geben und 30 Minuten köcheln, bis die Bananen weich sind. Das Wasser abgießen, Butter und warme Milch beifügen und alles zu Püree stampfen. In Bananenblätter wickeln und kurz vor dem Servieren noch einmal aufkochen.
Butter zerlassen, Zwiebel und Knoblauchzehe darin anbraten. Cashewnüsse und Gewürze hinzufügen. Das Hähnchen mit Marinade beigeben und bei schwacher Hitze gar köcheln.

Hähnchen in Buttermilch mit Kochbananenpüree
Kenia

3 Stunden Vorbereitungs- und Kochzeit
für 4 Personen

1 Hähnchen
2 EL Cashewnüsse
2 Knoblauchzehen
1 Bund Koriander
2 Tassen Buttermilch
Butter
1 gehackte Zwiebel
2 TL Kümmel
2 TL Currypulver
 (Seite 85)

für das Kochbananenpüree
 (Matoke):
8 grüne Kochbananen
¼ EL Currypulver
2 EL Butter
2 EL Milch
Bananenblätter oder
 Aluminiumfolie

◆ Kochbananen und Cassava in Stücke schneiden und etwa 15 Minuten kochen.
Mit wenig Wasser im Mörser stampfen. Aus der Masse mit feuchten Händen Klöße formen.

Bananen-Fufu
Ghana

300 g grüne Kochbananen
600 g Cassava

Mais-Bananenklößchen
Nigeria

für 2-4 Personen

1 reife Kochbanane
50 g Maismehl
Palmöl
Cayennepfeffer

◆ Die Kochbanane im Mixer pürieren und mit dem Maismehl vermischen. Etwas Öl erwärmen und langsam zugießen. Mit Cayennepfeffer würzen, nach Geschmack salzen. Wenn nötig, Wasser beifügen und durchkneten, bis ein fester Teig entsteht.
Aus dem Teig Bällchen formen, einzeln in Aluminiumfolie einwickeln und in wenig Wasser 20 Minuten dünsten.

Kochbananenchips
Nigeria

4 reife Kochbananen
Jodsalz
3 rote Chilis
¾ l Öl
1 TL gemahlener Ingwer

Eignen sich als scharfe Beilage oder Snack zum Palmwein.

◆ Bananen in 1 cm dicke Scheiben schneiden und in Salzwasser 20 Minuten ziehen lassen. Chilis halbieren, entkernen und würfeln.
Öl erhitzen und Chilis hineingeben. Bananen trockentupfen, zugeben und etwa 3 Minuten knusprig frittieren. Das Öl abtropfen lassen und die Bananen mit Ingwer bestreuen.

Kochbananenchips »Aloko«
Côte d'Ivoire

für 6 Personen

4 reife Kochbananen
Palmöl

◆ Die Kochbananen in fingerdicke Scheiben schneiden und 15 Minuten in gesalzenes Wasser legen.
Öl erhitzen. Die Bananenstücke trockentupfen und in das heiße Öl geben. Etwa 3 Minuten knusprig braten, dabei wenden.
Herausnehmen und auf Küchenpapier kurz abtropfen lassen. Heiß servieren.
Aloko können problemlos im Backofen aufgewärmt werden.

Kochbananenchips »Kelawele«
Ghana

für 6 Personen

4 reife Kochbananen
Erdnussöl
2 gehackte Chilis
1 TL gemahlener Ingwer

◆ Die Kochbananen in fingerdicke Scheiben schneiden und 15 Minuten in gesalzenes Wasser legen.
Öl erhitzen. Die Bananenstücke trockentupfen und mit den Chilis in das heiße Öl geben. Etwa 3 Minuten knusprig braten. Mit Ingwer bestreuen.
Herausnehmen und auf Küchenpapier abtropfen lassen.

Hähnchen-Erdnuss-Bananen-Sauce
Ruanda

2 Stunden Vorbereitungs- und Kochzeit
für 4-6 Personen

1 Huhn
3 EL Öl
100 g Trockenfisch
500 g Kochbananen
250 g Tomaten
250 g Erdnüsse
2 gehackte Zwiebeln
1 TL gehackter Knoblauch
1 TL Paprika
½ TL Currypulver
    (Seite 85)
¼ TL Piment
100 g Tomatenmark

◆ Das Huhn häuten, waschen, in vier bis sechs Stücke zerlegen und von den Knochen befreien. Etwas Öl erhitzen und die Stücke von allen Seiten darin gut anbraten. Zur Seite stellen.
Den Trockenfisch zerpflücken. Die Kochbananen schälen und in Wasser halb garen. Die Tomaten häuten. Die Erdnüsse rösten und fein mahlen.
In einem großen Topf das restliche Öl erhitzen und die Zwiebeln mit den Gewürzen darin leicht bräunen. Tomaten sowie Tomatenmark hinzufügen und unter Rühren etwa 15 Minuten kochen. Den Fisch zugeben, etwa 2 Minuten rühren. Die Bananen unterrühren und alles bei mittlerer Hitze etwa 3 Minuten kochen. Die Erdnüsse untermischen und unter ständigem Rühren weitere 10 bis 15 Minuten kochen.
Die Hühnerstücke beifügen und 30 bis 40 Minuten fertig garen.

Trägerin des Schicksals und des Willens: die Okra

Für viele afrikanische Stämme sind Tiere und Pflanzen Sinnbild für die Beziehung der Menschen zu ihrer Umwelt und den Ahnen. Die Okra spielt hier eine besondere Rolle, denn im überlieferten Menschenbild beispielsweise der Akan Nigerias besteht der Mensch zu einem Teil aus ihr.

Dieser Okraanteil im Menschen ist unsterblich, vor der Geburt vom Schöpfer selbst vergeben. Löst sich dieser göttliche Teil von einem Menschen, dann stirbt er, auch wenn seine Okra selber überlebt. Sie ist seine Seele – und sein Schutzgeist. Versagt dieser, heißt es: »*Ne kra apa n'akyi* – Seine Okra hat versagt, ihn zu führen.« Sie ist Trägerin des Schicksals und des Willens und unterscheidet aufgrund seiner göttlichen Herkunft damit den Menschen vom Tier.

Ist die Okra eines Menschen zuverlässig, dann wird sie in einem Ritual, *akradwares* genannt, zu einem Gegenstand größter Verehrung.

Der schleimige Saft der Okras hat eine spermaähnliche Konsistenz und Farbe, wird also für wirkungsvoll gehalten den Samen des Mannes zu vermehren.

Okras haben wenig Kalorien und enthalten reichlich Vitamin A und C sowie Mineralstoffe. Sie werden in Salzwasser gegart und als Gemüse oder Salat zubereitet. Beim Kochen weichen sie auf und sondern Schleim ab, so dass sich die Beigabe von reichlich Essig oder Zitronensaft empfiehlt. Afrikanische Köchinnen und Köche verwenden sie vor allem für Saucen und Suppen.

Empfehlung: Suppe für die Unsterblichkeit

◆ Das Fleisch würfeln. Okras klein schneiden und Tomaten vierteln.
1 l Wasser mit einer Prise Salz zum Kochen bringen. Nacheinander Fleisch, Okras, Tomaten, Zwiebeln und Chilis hineingeben und bei starker Hitze etwa 10 Minuten kochen.
Bei verringerter Temperatur weitere 10 Minuten gar köcheln.
Beilage: Knollenbrei (Seite 129) oder Brot

Okrasuppe
Togo

für 6 Personen

24 Okras
150 g Dörrfleisch
250 g Suppenfleisch
  vom Rind
6 Tomaten
3 gehackte Zwiebeln
2 gehackte Chilis

Weitere Okragerichte

Fischsuppe mit Okras
Nigeria

für 4 Personen

200 g Trockenfisch
12 Okras
gemahlener Piment
Irú
Kanun

Irú und Kanun sind typische, scharfe Gewürze aus dem Südosten Nigerias, die in Europa kaum erhältlich sind. Sie können durch Malaguetta ersetzt werden.

◆ Den Trockenfisch in 1 l Wasser 10 Minuten wässern. Die Okras in kleine Stücke schneiden. Den Fisch zerpflücken und mit Piment sowie Irú zum Kochen bringen. Nach 5 Minuten Okras und Kanun zufügen. Bei mittlerer Hitze 20 Minuten kochen, mit Salz abschmecken.
Heiß oder kalt servieren.
Beilage: Yams

Palmöl-Suppe
Ghana

2 Tassen Palmöl
2 Tassen klein geschnittene
  Tomaten
1 Aubergine
1 Chili oder
  ½ TL Cayennepfeffer
1 Tasse gehackte Zwiebeln
2 Tassen klein geschnittene
  Okra
500 g Fisch oder
  Krabbenfleisch

◆ Die Aubergine in Stücke schneiden. Die Chili halbieren, entkernen und fein würfeln.
In einem großen, schweren Topf das Öl 10 Minuten kochen. Zwiebeln und Chili hinzufügen und bei starker Hitze weitere 5 Minuten kochen. Die Temperatur reduzieren, die übrigen Zutaten beifügen und eine Stunde köcheln, bis die Suppe ein wenig eindickt, dabei gelegentlich umrühren. Wenn zu viel Palmöl auf der Oberfläche schwimmt, vor dem Servieren etwas abschöpfen.

Rindfleisch mit Okras
Burkina Faso

2 Stunden Vorbereitungs- und Kochzeit
für 4 Personen

1 kg Rindergulasch
Pflanzenöl
20 Okras
2 Tomaten
1 Zwiebel
Soumbala oder Nététou

Soumbala oder Nététou sind in Deutschland schwer erhältliche Gewürze, für die es keine geschmackliche Entsprechung gibt. Man kann sie durch eine Mischung aus Safran, Piment und Kardamom ersetzen. Der Geschmack ist zwar anders, aber ebenfalls köstlich.

◆ Öl erhitzen und das Fleisch darin anbraten. Zudecken und bei verringerter Hitze schmoren. Die Okras klein schneiden. Die Tomaten vierteln, die Zwiebel in Ringe schneiden.
Erneut Öl erhitzen, Zwiebelringe und Tomaten darin anbraten. Mit etwas Wasser ablöschen. Nach und nach das Fleisch zugeben, dabei mit den kleinsten Stücken beginnen. Mit Soumbala abschmecken. 2 Tassen Wasser zugießen, salzen, pfeffern und alles eine Stunde köcheln.
Sobald das Fleisch auseinander fällt, die Temperatur stark erhöhen und die Okras zugeben. Durchrühren, 5 Minuten aufkochen und sehr heiß servieren.
Beilage: Reis

Lammfleisch mit Okras
Liberia

für 4 Personen

750 g Lammgulasch
Vollkornweizenmehl
Erdnussöl
4 gehackte Zwiebeln
2 EL Tomatenmark
2 gehackte Pfefferschoten
250 g Okras

◆ Das Fleisch in Mehl wenden – es sollte möglichst grob oder geschrotet sein.
Öl erhitzen, Fleisch und Zwiebeln darin anbraten. Mit reichlich Wasser ablöschen. Tomatenmark sowie Pfefferschoten unterrühren und alles bei mittlerer Hitze eine Stunde kochen.
Die Okras klein schneiden und zugeben. Mit Salz abschmecken und gar kochen.
Währenddessen 1 Tasse Mehl mit ½ Tasse Wasser verrühren. Im Wasserbad 30 Minuten köcheln.
Den Brei kräftig durchschlagen und kurz abkühlen lassen. Klößchen formen und in leicht gesalzenem Wasser 10 Minuten garen.
Vor dem Servieren das Lammragout über die Klößchen geben.

Ladyfinger
Simbabwe

300 g Okras
¼ TL Soda
2 Tomaten

◆ Die Okras in dünne Scheiben schneiden und mit Soda in ½ l Wasser bei schwacher Hitze 25 Minuten weich kochen.
Tomaten in kleine Würfel schneiden und beigeben. Mit Salz und Pfeffer würzen und alles bei schwacher Hitze unter ständigem Rühren weitere 15 Minuten kochen.

Scharfe Okra mit Ugali
Tansania

2 Stunden Vorbereitungs-
 und Kochzeit
für 4 Personen

25 kleine Okras
1 TL Korianderpulver oder
 1 Bund Koriander
 (gehackte Blätter)
½ TL Chili
½ TL Kümmel
½ TL Safran
½ TL Salz
¼ Tasse geraspelte
 Kokosnuss
2 fein gewürfelte Tomaten
1 gehackte kleine Zwiebel
1 gehackte kleine grüne
 Pfefferschote
¼ Tasse Öl

für das Ugali:
1 TL Butter
1 Tasse Sorghummehl
2 Tassen Maismehl

◆ Okras waschen und trockentupfen. Den oberen Teil und die Spitze abschneiden. In jeder Schote einen etwa 5 cm langen Schnitt in Längsrichtung anbringen. Gewürze und Kokosraspel mischen und die Okras in der Mischung wenden, bis sie vollständig bedeckt sind. Eine Stunde ziehen lassen.

Öl erhitzen und die Okras 10 bis 15 Minuten darin anbraten – sie sollen grün bleiben und nur wenig anbräunen. Kurz vor Ende der Kochzeit Tomaten, Zwiebel und Pfefferschote zugeben.

Für das Ugali in einem Topf 4 Tassen Wasser zum Kochen bringen, Butter und Salz hinzufügen. Das Mehl gut mischen und unter ständigem Rühren in das Wasser geben, bis die Mischung andickt. Das Mehl muss kochen, das Wasser absorbieren und anschwellen. Den Topf vom Herd nehmen, zudecken und 5 Minuten ruhen lassen.

Den Topf erneut auf den Herd stellen und bei schwacher Hitze so lange rühren, bis die Masse als Klumpen im Topf gewendet werden kann. Vor dem Servieren vom Herd nehmen, zudecken und noch einmal 5 Minuten ruhen lassen.

Okraschoten-Tagine
Marokko

2 Stunden Vorbereitungs- und Kochzeit
für 6 Personen

1 kg Hammelfleisch
70 g Butter
½ TL gemahlener Ingwer
1 Prise Safran
1 gehackte Zwiebel
1½ kg Tomaten
1 Bund Petersilie
300 g Okras

◆ Das Fleisch in große Stücke schneiden. In einer Tagine Butter zerlassen und das Fleisch kurz darin anbraten. Mit 1 TL Pfeffer, Ingwer, Safran und Salz würzen, die Zwiebel darüber geben. Mit ¾ l Wasser ablöschen, zudecken und etwa eine Stunde garen, bis sich das Fleisch leicht mit den Fingern zerteilen lässt. Wenn nötig, weiteres Wasser zugießen.

Die Tomaten häuten, klein schneiden und entkernen. Das gegarte Fleisch aus der Tagine nehmen und zur Seite legen. Die Tomaten in die Tagine geben, gehackte Petersilie darüber streuen. Köcheln, bis eine Sauce entsteht. Das Fleisch wieder zugeben und abschmecken.

Die Enden der Okras abschneiden, die Schoten schnell waschen und sofort in einen Topf mit kochendem Salzwasser geben. 15 bis 20 Minuten garen.

Zum Servieren die Okras aus dem Salzwasser nehmen und über das Fleisch in die Tomatensauce geben.

Fischeintopf mit Banku und Okrasauce
Ghana

An der Küste von Ghana dient dieses Gericht den Fante- und Ewe-Völkern als Hauptmahlzeit. Banku ist tiefgefroren als fertiges Gericht käuflich zu erwerben.

◆ Den Fisch ausnehmen, schuppen und in kleine Stücke schneiden. In einem großen Topf mit den Crevetten und 1 l Wasser aufkochen. Zwiebel, Knoblauch, gemahlenen Ingwer und Kümmel zugeben. Nach und nach die übrigen Zutaten beifügen und alles bei schwacher Hitze etwa 45 Minuten kochen.

Für das Banku in einer Pfanne Banku und etwas Wasser erhitzen. Die Kartoffelstärke einrühren und alles bei schwacher Hitze 10 Minuten zu einer festen Masse rühren.

Für die Sauce die Enden der Okras abschneiden und die Schoten in 5 mm dicke Scheiben schneiden. Die Auberginen würfeln. Alles mit 200 ml Wasser, Brühwürfel und Salz in einen Topf geben und 10 Minuten bei mittlerer Hitze kochen.

Den Eintopf servieren, Banku und Sauce getrennt dazu reichen.

300 g frischer Meeresfisch
200 g frische Crevetten
1 Zwiebel
2 Knoblauchzehen
1 kleines Stück Ingwer
1 Prise Kümmel
2-3 EL Palmöl
1 kleine Dose geschälte Tomaten
1 Brühwürfel
1 Prise roter Pfeffer
1 rote Paprika

für das Banku:
300 g frisches Banku
2 EL Kartoffelstärke

für die Okrasauce:
300 g frische Okras
100 g frische Auberginen
1 Brühwürfel

Okras mit Mais
Swaziland

für 4-6 Personen

750 g Okras
125 g grüne Paprika
1 Dose Mais (500 g)
125 g fein gehackte Zwiebel
1 zerdrückte große Knoblauchzehe
1 Dose geschälte Tomaten (500 g)

◆ Die Okras in Scheiben schneiden, die Paprika fein würfeln. Den Mais pürieren.
Alle Zutaten in einen großen Topf geben und bei schwacher Hitze 15 Minuten kochen, bis die Okras weich sind.
Beilage: Kartoffeln, Reis, Cocoyams, Yamswurzeln oder Cassava

Okras mit Palmnuss und Huhn
Angola

für 4-6 Personen

1 großes Huhn
500 g Okras
700 g Palmnuss-Fruchtfleisch
4 große Tomaten
2 gehackte große Zwiebeln
1 TL Chili
1 TL schwarzer Pfeffer

◆ Das Huhn häuten, waschen, zerlegen und von den Knochen befreien. Okras und Tomaten klein schneiden.
In einem großen Topf Fruchtfleisch und Hühnerstücke 20 Minuten kochen.
Die übrigen Zutaten beifügen und alles 10 Minuten köcheln. Falls die Sauce zu dick wird, Wasser zugießen.
Beilage: Knollenbrei (Seite 129)

Zwiebeln und Knoblauch

Reizende Knolle im Liebeskampf: die Zwiebel

»Wer sich im Liebeskampfe nicht als Mann zu erweisen versteht, der esse Zwiebelgewächs, und er wird recht kräftig sein. Ist matt die bejahrte Frau, zögere sie nicht, ebenfalls Zwiebelgewächs zu essen, und die zärtliche Venus wird freundlich über deine Kämpfe lachen«, versprach der römische Epigrammatiker Martial. »Vorzüglich bewähren sich geschälte Zwiebeln, die du mit anregenden Gewürzen deiner Wahl in Öl braten sollst... in das du vorher Eigelb getan hast. Das genieße mehrere Tage hintereinander. Der Erfolg wird nicht ausbleiben.«(23)

Symbol der Fruchtbarkeit

Die Zwiebel, eines der ältesten Gemüse auf dem menschlichen Speiseplan, war eine der Leib- und Magenspeisen der alten Ägypter, die sie zur Göttin erhoben und entsprechend verehrten. Der Schwur auf die Zwiebel galt als die höchste Form des Eids. Später beklagten die Israeliten bei ihrem Auszug aus Ägypten vor allem deren Verlust. Für Griechen und Römer war sie ein medizinisches, gegen Erkältung und Husten wirkendes Gemüse. Gleichzeitig schätzten sie die Zwiebel, ähnlich wie den Knoblauch, als Aphrodisiakum und verstanden sie als Symbol der Fruchtbarkeit. Denn die Zwiebel reizt – äußerlich angewandt – die Haut, regt die Durchblutung an und fördert die Ausscheidung. So glauben die Yoruba Nigerias, weil ihr Aroma in den Augen brennt und schmerzt, dass sie Krankheit und Besessenheit aus dem Körper treibt.

Zwiebeln eignen sich als Beilage für fast alle Gerichte. Zurückhaltung bei ihrem Einsatz kennt man in Afrika nicht.

Die Buschleute Südafrikas sind ein feierfreudiges Volk. Wenn die Männer auf der Jagd erfolgreich waren und die Frauen genug Wurzeln und Knollen gesammelt haben, wird abends ein Fest gegeben, das bis in die Morgenstunden währen kann. Die Buschleute essen, singen und tanzen, sie lieben und freuen sich und sind auf eine fast närrische Art ausgelassen.

Die Frauen schmücken sich mit Muschelkämmen oder Kupferschmuck, Armbändern und Straußenfedern. Eine Art Parfüm wird auf der Haut verrieben, hergestellt aus Buchu-Blättern. Die ganze Sippe versammelt sich um das Feuer und erzählt, isst und trinkt. In einem monotonen Singsang werden endlose Märchen vorgetragen, die von der Entstehung der Welt und der Liebe handeln. Hinter diesem Fest steht kein direkter Zweck, außer seiner Lebensfreude Ausdruck zu verleihen. Die Buschmänner tanzen sich dabei in eine Art Trance. Alle trommeln und klatschen. Staub wirbelt hoch und Schweiß tropft.

Empfehlung: Essen, Erzählen und Tanzen

◆ Die Zwiebeln schälen, waschen und ein Ende abschneiden. In Salzwasser halb gar kochen. Abtropfen und abkühlen lassen, aushöhlen und das Zwiebelfleisch zur Seite legen.
Die Möhren schaben, in kleine Würfel schneiden und in Salzwasser kochen. Mit Erbsen und Pfeffer vermischen, Zwiebelfleisch und Pfeffer zugeben. Die Zwiebeln mit der Mischung füllen, das abgeschnittene Ende wieder aufsetzen.
Eine feuerfeste Form mit Butter ausstreichen, die Zwiebeln hineinstellen und mit Käse bestreuen. Im Ofen 15 bis 20 Minuten überbacken.
Beilage: Wein- oder Zwiebelsauce

Gefüllte Zwiebeln
Tansania

2 Stunden Vorbereitungs- und Kochzeit

4 große Gemüsezwiebeln
4 Möhren
1 Tasse Erbsen
50 g Gewürzbutter
  (Seite 162) oder Butter
2 EL geriebener Käse

Weitere Zwiebelgerichte

Zwiebelhuhn
Mauretanien

am Vortag beginnen
für 4 Personen

1 Huhn
200 g Kichererbsen
500 g Zwiebeln
250 g Butter

◆ Die Kichererbsen über Nacht in reichlich kaltem Wasser einweichen. Am nächsten Tag in genügend Wasser garen.
Das Huhn in mundgerechte Stücke zerlegen, die Zwiebeln in Ringe schneiden.
In einem Topf Butter erhitzen. Zwiebelringe und Kichererbsen hineingeben, die Hühnerstücke darauf schichten. Salzen, pfeffern und zudecken.
Bei starker Hitze 10 Minuten schmoren.
Mit ½ Tasse Wasser ablöschen, erneut zudecken und bei mittlerer Temperatur 20 Minuten garen, dabei gelegentlich durchrühren.
Beilage: Fladenbrot

Reis mit Petersilie, Zwiebeln und Tomaten
Ägypten

für 6 Personen

3 Tassen Reis
2 EL Butterschmalz
  (Seite 92) oder Öl
1 gehackte Zwiebel
2 EL Tomatenmark
½ Tasse gehackter Dill
½ Tasse gehackte Petersilie
2½ Tassen Fleischbrühe
  oder Wasser
nach Geschmack:
  ½ TL gemahlener Kreuzkümmel

◆ In einem Topf Butterschmalz erhitzen und die Zwiebel darin goldbraun braten. Tomatenmark in 1½ Tassen Wasser anrühren, untermischen und kochen, bis die Masse eine braune Farbe annimmt. Dill und Petersilie zugeben und weiterkochen, bis die Sauce leicht eindickt.
Die Brühe mit je 1 TL Salz und Pfeffer zugießen, eventuell Kreuzkümmel beifügen, aufkochen.
Die Hitze reduzieren, den Reis zugeben und zugedeckt 15 bis 20 Minuten kochen.
Den Topf vom Herd nehmen, 10 Minuten ruhen lassen, den Reis mit einer Gabel auflockern.

Varianten:
▷ Nachdem die Zwiebel angebraten ist, 125 g Hackfleisch dazugeben – erst dann Tomatenpüree und Kräuter.
▷ Auf Petersilie und Dill verzichten.

Würzige Sauce mit Huhn
Äthiopien

Ein in Äthiopien anlässlich von Hochzeiten beliebtes Zeremonialgericht.

◆ Das Huhn in kleine Stücke zerteilen, mit Zitronensaft einreiben und zur Seite stellen.
In einem großen Topf die Zwiebeln in etwas Wasser unter ständigem Rühren dünsten, bis sie Farbe annehmen. Pfeffermischung, Tomatenmark und wenig Wasser zugeben, alles etwa 3 Minuten köcheln.
Die Hühnerstücke kurz abwaschen und mit Butterschmalz, allen Gewürzen und Salz gut untermischen. Bei schwacher Hitze 40 Minuten köcheln, dabei gelegentlich umrühren. Falls die Sauce zu dick werden sollte, etwas Wasser nachgießen.
Die Eier schälen, an mehreren Stellen einschneiden und 10 Minuten mitköcheln.
Beilage: Fladenbrot (Seite 67)

Variante:
Das Wasser durch Wein oder Bier ersetzen.

für 6-8 Personen

1 großes Huhn
1 Zitrone (Saft)
8 fein gehackte große Zwiebeln
2 gehäufte EL rote Pfeffermischung (Seite 74)
4 EL Tomatenmark
500 g Butterschmalz (Seite 92)
1 TL Kardamompulver
1 TL gemahlener Zimt
1 TL gemahlene Gewürznelken
2 TL zerdrückter Knoblauch
2 TL frischer zerstoßener Ingwer
1 TL schwarzer Kreuzkümmel
5 hart gekochte Eier

Gemüse-Couscous
Nordafrika

am Vortag beginnen
für 10 Personen

1 kg Couscous-Grieß
1 Tasse Öl
150 g Butter

für die Brühe:
200 g Kichererbsen
150 g Butter
1 kg Lammfleisch
500 g gehackte Zwiebeln
½ TL Safran
1 Weißkohl
500 g Möhren
250 g weiße Rüben
250 g Auberginen
500 g Tomaten
2 Chilis
1 Bund Koriander
250 g Kürbis

◆ Die Kichererbsen über Nacht in reichlich kaltem Wasser einweichen.
Am nächsten Tag den Grieß waschen und schnell abtropfen lassen. Mit der Hand auf einer großen Platte verteilen, um die Körner voneinander zu trennen.
Für die Brühe Butter in den unteren Teil eines Couscous-Kochtopfes geben und erwärmen. Das Fleisch waschen, abtrocknen und in Stücke schneiden. Mit Kichererbsen und Zwiebeln der Butter hinzufügen. Mit 1 EL Pfeffer, Safran und 2 TL Salz würzen. Mit 3 l Wasser ablöschen, zudecken und 30 Minuten köcheln.
Anschließend den Grieß in den oberen Teil des Topfes geben und die Brühe köcheln. Wenn Dampf aus dem Topf tritt, den Grieß 30 Minuten dämpfen.
Währenddessen den Weißkohl zerteilen und in Stücke schneiden. Möhren schaben, Rüben schälen, beides in Streifen schneiden. Auberginen in Würfel schneiden, Tomaten vierteln. Den Grieß herausnehmen und wiederum auf der Platte verteilen. Mit etwas Öl und anschließend etwas Wasser anfeuchten und lockern, um die Körner voneinander zu trennen. Nach und nach das restliche Öl und insgesamt ½ l Wasser zugeben – Öl und Wasser sollten zum Schluss gleichmäßig verteilt sein. Den Grieß stehen lassen, bis das Wasser vollständig aufgesogen ist.
Etwas Brühe zur Seite stellen. Das vorbereitete Gemüse dem Fleisch zugeben und mit Chilis und gehacktem Koriander würzen. Etwa 3 l Wasser hinzugießen.
Den Grieß zum zweiten Mal in den oberen Teil des Topfes geben und die Brühe zum Kochen bringen. Währenddessen den Kürbis in Stücke schneiden und in der zur Seite gestellten Brühe garen.
Sobald viel Dampf austritt, den Grieß erneut

herausnehmen und auf der Platte verteilen. 1 EL Salz darüber streuen und Butter in Flocken zufügen. Den Grieß lockern, um die Körner voneinander zu trennen und Butter und Salz gleichmäßig zu verteilen.
Zum Servieren den Grieß ringförmig in einer Schüssel anrichten. Mit reichlich Brühe übergießen und Fleisch, Gemüse sowie den Kürbis in die Mitte des Couscous geben.

◆ Das Fleisch in schmale Streifen schneiden. In einem Topf Öl erhitzen und das Fleisch darin anbraten. Herausnehmen und zur Seite stellen. Im verbliebenen Öl die Zwiebeln hellbraun anbraten. Erdnusscreme untermischen und mit Kreuzkümmel, Cayennepfeffer, Pfeffer und Salz kräftig abschmecken. Die Tomaten mit Saft zugeben. Die Fleischbrühe angießen und aufkochen.
Das Fleisch wieder in den Topf geben und alles bei mittlerer Hitze zugedeckt 40 Minuten köcheln.
Währenddessen die Petersilie fein hacken, einige Stängel zur Seite legen. Abschmecken, gehackte Petersilie untermischen, bei Bedarf nachwürzen. Mit Petersilienstängeln und Zitronenschnitzen garnieren.
Beilage: Reis

Afrikanischer Zwiebel-Erdnuss-Topf

für 3 Personen

600 g Schweineschnitzel
2 EL Erdnussöl
2 fein gehackte Zwiebeln
175 g Erdnusscreme
1 EL gemahlener
    Kreuzkümmel
1 Prise Cayennepfeffer
1 kleine Dose Tomaten
300 ml Fleischbrühe
1 Bund glatte Petersilie
Zitronenschnitze

Fischflocken-Aufstrich
Madagaskar

1-2 Stunden marinieren

1 kg fleischiger Fisch (Seezunge, Scholle)
⅛ l Pflanzenöl
1 gehackte große Zwiebel
1 Bund Petersilie

für die Marinade:
1 große Zwiebel
1½ TL frisch gemahlener Ingwer
1 TL schwarzer Pfeffer
¼ TL Gewürznelkenpulver

◆ Für die Marinade die Zwiebel pürieren und mit den anderen Gewürzen vermischen.
Den Fisch vorbereiten, mit der Marinade einreiben und mindestens 1 bis 2 Stunden ruhen lassen.
Den Fisch in wenig Wasser 20 Minuten köcheln. Dabei ab und zu wenden und prüfen, ob noch genügend Wasser vorhanden ist. Anschließend auskühlen lassen, entgräten, in sehr kleine Stücke zerteilen oder mit einer Gabel zerdrücken.
In einem Topf Öl erhitzen und die Zwiebel etwa 3 Minuten darin rösten. Den Topf vom Herd nehmen und die Fischflocken mit Petersilie unterrühren.
Mit Reis servieren oder als Brotaufstrich verwenden.

Tomaten-Zwiebel-Sambal
Simbabwe

für 6-8 Personen

4 große Tomaten
1 grüne Paprika
2 fein gehackte große Zwiebeln
1 TL Knoblauchpulver
1 TL schwarzer Pfeffer
1 TL Salz

Sambal ist ein Hors d'oeuvre aus Obst oder Gemüse. Schmeckt ausgezeichnet zu einem Reisgericht.

◆ Die Tomaten häuten, würfeln und entkernen. Die Paprika halbieren und entkernen, das weiße Fruchtfleisch entfernen, die Schote fein schneiden.
In einer Salatschüssel alle Zutaten miteinander vermischen.

Ein gepriesenes Wunderheilmittel: der Knoblauch

Knoblauch priesen bereits die alten Ägypter als Wunderheilmittel mit erregender Wirkung; die Römer weihten ihn der Fruchtbarkeitsgöttin Ceres. Mit Koriander vermengt reichte man Knoblauchsaft als Liebestrank, der von angehexter Impotenz befreien und zur Unzucht reizen sollte. Allein der nach Knoblauchgenuss entstehende Mund- und Körpergeruch erschwert manchen Menschen die intensivere Annäherung.

Die aus der Kirgisensteppe stammende Lauchart besitzt eine enorme Würzkraft. Das Fleisch der zehn bis zwölf Zehen, die sich in der weißlichen Zwiebel drängen, enthält ein ätherisches, schwefelhaltiges Öl, das für Geschmack und Geruch verantwortlich ist.

**Empfehlung:
Aroma für die
Gesundheit**

Knoblauch ist ein Grundbestandteil vieler afrikanischer Gerichte. Wer nur schwach würzen will, gibt die geschälte Zehe als Ganze zur Speise und nimmt sie vor dem Servieren wieder heraus.

Obwohl der Genuss von Knoblauch bekanntermaßen der Gesundheit dient – er sorgt unter anderem für eine Regulierung des Blutdrucks –, meiden ihn viele Menschen wegen seines ausgeprägten Aromas. Ein Glas Milch nach der Mahlzeit aber nimmt den starken Geschmack. Um den Geruch an den Händen zu beseitigen, reibt man sie vor dem Waschen mit Zitronensaft oder etwas angefeuchtetem Salz ein.

Knoblauchpfanne
Äthiopien

am Vortag beginnen
für 2-3 Personen

4 Knoblauchknollen
2 Zwiebeln
½ Tasse Öl

Eine Knoblauchpfanne ist schnell zubereitet und besonders im Herbst wegen ihrer gesundheitsfördernden Wirkung begehrt.

◆ Die Knoblauchzehen schälen, gründlich waschen und über Nacht in Salzwasser legen.
Am nächsten Tag das Wasser abgießen. Die Zwiebeln in dünne Ringe schneiden.
In einer Pfanne Öl nicht zu stark erhitzen und die Zwiebelringe darin goldgelb werden lassen. Knoblauch zugeben und bei schwacher Hitze langsam braten. Mit Pfeffer und Salz würzen.

Variante:
Möhren schaben, dünn schneiden und mitbraten.

Weitere Knoblauchgerichte

Dieses Fischgericht wird zu Neujahr und anderen großen Festen gereicht. Wird der Fisch bereits einen Tag vorher zubereitet, entfaltet sich das Aroma der Gewürze intensiver.

◆ Den Fisch vorbereiten, in mundgerechte Stücke zerteilen, mit Salz und Kurkuma einreiben. Zerdrückten Knoblauch mit Ingwer, Chili und Senf vermischen. Zitronensaft hineinträufeln und mit wenig Wasser zu einer Paste verrühren. Die Zwiebeln vierteln, die Peperoni in Streifen schneiden.
Öl erhitzen und den Fisch von beiden Seiten darin braun braten. Herausnehmen und zur Seite stellen. Im verbliebenen Öl die Zwiebeln ½ Minute anrösten, die Gewürzpaste untermischen und bei mittlerer Hitze 1 Minute rösten. Die Temperatur reduzieren, Fisch und Peperoni zugeben und vorsichtig untermengen, so dass der Fisch nicht auseinander fällt.
Beilagen: Brot, Reis und grüner Salat

Gewürzter Fisch
Mauritius

4-6 Personen

1 kg frischer Fisch
  (Heilbutt, Forelle)
1 TL Kurkuma
6 Knoblauchzehen
2 TL gemahlener Ingwer
1 TL Chilipulver
3 TL Senf
1 Zitrone (Saft)
6 kleine Zwiebeln
3 grüne Peperoni
⅛ l Pflanzenöl

Knoblauchsuppe
Ägypten

für 4 Personen

6-8 Knoblauchzehen
3-4 Kartoffeln
1 Zwiebel
1 Lorbeerblatt
Hühnerbrühe
1 Chili oder etwas
   Chilipfeffer

◆ Kartoffeln schälen und in kleine Stücke schneiden. In einem Topf mit Knoblauch, Zwiebel, Lorbeerblatt und Brühe weich kochen. Zwiebel und Lorbeerblatt herausnehmen. Die Suppe im Mixer pürieren. Zurück in den Topf gießen, mit Chili und einer Prise Pfeffer abschmecken, nochmals aufkochen.

Kutteln
à la Beninoises
Benin

4-5 Stunden Vorbereitungs-
   und Kochzeit
für 6 Personen

400 g Kutteln
500 g Schweinefüße
300 ml Pflanzenöl
1 EL Mehl
10 Tomaten
1 Bund Suppengemüse
2 gehackte Zwiebeln
8-10 gehackte
   Knoblauchzehen
2 gehackte Chilis

◆ Kutteln und Schweinefüße säubern, auslösen und klein schneiden.
Öl langsam erhitzen und das Fleisch darin dünsten – keinesfalls braten! Wenn das Fleisch fast gar ist, mit Mehl bestäuben.
Die Tomaten vierteln und das Suppengemüse klein schneiden. Mit Zwiebeln, Knoblauch und Chilis zum Fleisch geben. Salzen, zudecken und mindestens drei Stunden köcheln.
Beilage: Knollenbrei (Seite 129)

◆ Das Fleisch mit Zitronensaft, Thymian, Pfeffer, Salz und einem Drittel des Knoblauchs einreiben. Eine Stunde ziehen lassen.
Kohlblätter und Paprika in Streifen schneiden, Okras würfeln.
Öl erhitzen und das Fleisch darin anbraten. Die Chili, den restlichen Knoblauch, Zwiebeln, Tomatenmark, Curry sowie Brühe zum Fleisch geben und 20 Minuten kochen.
Die Okras beifügen und weitere 10 Minuten kochen.
Das Ragout mit Kohl- und Paprikastreifen auf einer Platte anrichten.
Beilagen: Reis, Erdnüsse, Bananenscheiben, Ananaswürfel, Apfelsinenstücke, gedünstete Garnelen, frische Kokosraspel

Tropischer Curryreis
Sierra Leone

2 Stunden Vorbereitungs- und Kochzeit
für 6 Personen

250 g Rindergulasch
2 EL Zitronensaft
frischer Thymian
8-10 gehackte Knoblauchzehen
500 g Weißkohl
4 Paprika
6 Okras
Erdnussöl
1 gehackte Chili
4 gehackte Zwiebeln
4-6 EL Tomatenmark
1 EL Currypulver (Seite 85)
1 Tasse Fleischbrühe

Knoblauchpaste

2 Tage ruhen lassen

1½ kg Knoblauchzehen
5 kg rote Peperoni
1½ kg Ingwerwurzeln
250 g Weinraute
½ Tasse Basilikum
1 Tasse gehackte rote
    Schalotten
Rotwein, Met oder Wasser
¼ Tasse gemahlener Zimt
¼ Tasse Gewürznelken
¼ Tasse Kardamompulver
¼ Tasse Thymian
1 Tasse Salz

Traditionell wird in arabischen Ländern sehr viel Knoblauch verwendet. Meist wird eine Knoblauchpaste hergestellt.

◆ Die Peperoni halbieren und entkernen. Knoblauch, Ingwer, Weinraute und Basilikum hacken. Mit Schalotten und ⅛ l Wein unter die Peperoni mischen. Die Mischung zugedeckt zwei Tage ruhen lassen. Anschließend in der Sonne oder im Backofen trocknen.
In einer Pfanne die übrigen Zutaten kurz rösten. Mit der Peperoni-Mischung vermengen und zu Pulver mahlen. Nach Belieben mit Rotwein zu einer Paste verrühren.
An einem trockenen Ort aufbewahren.

Gewürzbutter

3 kg Butter
1 rote Schalotte
5 Knoblauchzehen
1 Stück Ingwerwurzel
eventuell 1 TL
    Bischofskraut
½ TL Schwarzkümmel
1 TL Kardamompulver
3 TL gehacktes Basilikum
½ TL Kurkuma

◆ Schalotte, Knoblauch und Ingwer hacken. In einer Pfanne Bischofskraut, Kümmel und Kardamom kurz erhitzen. Mit Schalotte, Knoblauch, Ingwer, Basilikum und Kurkuma vermischen, grob mahlen.
Die Butter bei schwacher Hitze langsam und unter ständigem Rühren zerlassen. Alle Gewürze hineinstreuen, gut erhitzen und durch ein feines Sieb streichen. Abkühlen lassen.
Im Kühlschrank aufbewahren.

Die Frau, die ein Ei legte

Literarischer Zwischengang

*I*n dem Dorf Nalishana (»Unglücklich«) lebte das Mädchen Towela (»Hübsch«) mit ihrem Mann Nkapelwa (»Ich werde bekommen«).

Sie lebten lange Zeit ohne Sorgen und glücklich miteinander. Doch als Towela mit den Jahren kein Kind gebar, wurden sie immer trauriger. Immer wieder suchten sie die Heiler ihrer Umgebung auf und baten um Hilfe. Doch keiner konnte ihnen helfen.

Als eines Tages die Mutter Nkapelwas sie besuchen kam, schimpfte sie über die unfruchtbare Schwiegertochter und forderte ihren Sohn auf, sich eine andere Frau zu nehmen. Nkapelwa jedoch liebte Towela so sehr, dass er sich mit seiner Mutter überwarf und sie nach Hause schickte.

Towelas Kummer nahm von Tag zu Tag zu. Die Frauen ihres Dorfes lachten und sprachen hinter ihrem Rücken über sie. Eines Morgens, als sie mit der Kalebasse zum Fluss hinunterging, um Wasser zu holen, traf sie drei Frauen auf dem Weg. Die blieben stehen und fingen an, laut über Towela herzuziehen. »Schaut euch doch bloß ihre Taille an!«, sagte eine und zeigte auf sie, »da könnt ihr sehen, dass sie weder tanzen noch gebären kann!«

»Ist das Towela, über die alle reden? Man sagt, sie sei eine Last für ihren Mann!«, meinte eine andere.

»Ja, sie ist schön für nichts!«, und sie lachten Towela aus, die mit gesenktem Kopf an ihnen vorbeilief.

Als sie weinend zu Hause ankam, fragte Nkapelwa, was denn los sein, und sie erzählte es ihm. Ihr Mann tröstete sie und schimpfte mit den Nachbarn. Doch es half nichts, denn die Sticheleien gingen weiter.

Es vergingen weitere Jahre und noch immer hatten sie keine Kinder. Eines Tages wurde Towela sehr krank. An diesem Morgen ging sie nicht auf die Felder arbeiten, sondern blieb auf *ihrem Lager im Haus liegen. Niemand war bei ihr, als sie sich unter Schmerzen krümmte und plötzlich ein Ei gebar.*

Towela erschrak, denn niemals zuvor hatte sie gehört, dass so etwas möglich war. Sie versteckte das Ei und wartete auf ihren Mann, und als dieser von der Feldarbeit zurückkam, zeigte sie es ihm.

»Erzählen wir niemandem etwas davon«, entschied Nkapelwa.

Bald hatte Towela sich etwas erholt und konnte wieder aufs Feld gehen.

Als sie eines Tages von der Arbeit zurückkam, war ihr Erstaunen groß, als sie sah, dass die ganze Hausarbeit bereits getan war. Irgendjemand musste in ihrer Abwesenheit gekocht, gekehrt und gewaschen haben.

Das geschah auch die folgenden Tage. Da beschlossen die Eheleute, sich auf die Lauer zu legen und zu schauen, wer es so gut mit ihnen meinte. Sie taten so, als ob sie aufs Feld gingen, und legten sich hinter einen Busch. Da sahen sie ein wunderhübsches junges Mädchen, das in seiner Schönheit und Anmut Towela glich, aus ihrer Hütte heraustreten und den Platz kehren.

Nkapelwa schlich sich in sein Haus und fand das Ei in zwei Hälften gebrochen. Er versteckte sich in einer Ecke und beobachtete, wie das Mädchen am Abend in das Ei zurückkroch und die zwei Hälften zusammenklappte.

Am nächsten Morgen geschah dasselbe: Wieder trat das Mädchen aus dem Haus und fing an zu arbeiten. Da ging Nkapelwa rasch in die Hütte und zerschlug die Eierschalen in viele kleine Stücke.

Als das Mädchen am Abend sich wieder darin verstecken wollte und die Scherben sah, fing es an zu weinen. Towela und Nkapelwa kamen dazu, nahmen es in die Arme und trösteten es. »Du bist unser Kind«, sagten sie, »du brauchst das Ei nicht mehr.«

Von diesem Tage an waren Towela und Nkapelwa glückliche Eltern, und viele beneideten sie um die Schönheit und den Fleiß ihrer Tochter.

Nasrin Siege: Kalulu und andere afrikanische Märchen. Seite 84 ff.

Geflügel und Eier

Boten zwischen Himmel und Erde: das Geflügel

»*Zur Heilung verknüpfter Nestelschnüre [ein Grund der Impotenz] muss man Galgant, Zimt von Mekka, indische Kubebe, Sperlingszunge, persischen Pfeffer, indische Distel, Kardamomen, Bertram, Lorbeersamen und Levkoienblumen nehmen.*

All diese Stoffe müssen sorgfältig zerstoßen werden. Dann soll man davon nehmen, so viel man kann, morgens und abends, und zwar in Täubchenbrühe. Auch Hühnerbrühe kann ohne Schaden und Nachteil verwandt werden.«(24)

Das Huhn ist im Verhältnis zur Futtermenge der effektivste Eiweißlieferant und deswegen in allen ärmeren Gegenden der Welt, so auch in Afrika, das beliebteste Nutztier. Abgesehen davon, dass es Eier legt und Federn liefert, kann es gebraten, gebacken oder gekocht werden. Natürlich werden nicht nur Hühner, sondern auch anderes Geflügel wie Truthahn, Gans, Ente, Wachtel oder Taube gerne gegessen – die Rezepte für ihre Zubereitung entsprechen denen für Hühner und sind deshalb nicht gesondert aufgeführt.

Ein Huhn schuf Afrika

Vögel vermitteln in Fruchtbarkeitsritualen als Bindeglied zwischen Himmel und Erde, Ahnen und Göttern. In den Gründungsmythen und zahlreichen Opferritualen der afrikanischen Völker spielen sie (deswegen) eine große Rolle und werden beispielsweise bei den Yoruba Nigerias direkt für die Entstehung Afrikas verantwortlich gemacht. Der Himmelsgott Oludumare erschuf sieben Prinzen und sandte diese mit vielen Dingen, unter anderem einem Huhn, zwanzig Eisenbarren, einem Beutel mit Kaurischnecken und Perlen sowie einem in Stoff eingewickelten Paket auf die Erde... Dort ließ er eine Palme wachsen, auf der sie landen konnten. Die sechs älteren Prinzen nahmen sich, was sie für wertvoll hielten, und ließen dem Jüngsten, Oranmiyan, das Huhn, die Eisenbarren und das Stoffpäckchen. Als dieser das Paket aufschnürte, fand er ein schwarzes Pulver darin, das er unter den Baum ins Wasser warf. Das Huhn flatterte vom Baum und begann zu scharren und schuf auf diese Weise festes Land, Afrika – ein im übertragenen Sinne höchst fruchtbarer Akt.

Empfehlung: Die wundersame Wirkung schmackhafter Tauben

»Potenzschwäche kann aus der übermäßigen Ausübung der Kohabitation während der Jugend resultieren. Das Symptom ist, dass der Penis entweder nur zu Beginn der Nacht, nur am Ende der Nacht, nur am Morgen oder nur im Frühling erigiert. Die Behandlung dieser Art ist leicht, ein solcher gesundet schnell:

Man nehme weiße Zwiebeln, schäle sie und zerschneide sie. Koche sie in etwas Olivenöl und Wasser, bis sie gar sind. Dann koche man junge Tauben mit Andarani-Salz *(milh al-andàranì)*. Sind sie gar, gebe man dazu die in Olivenöl gekochten Zwiebeln und lasse alle zusammen kochen, bis es gut vermischt ist. Man nehme Zimtrinde, Galgant und Pfingstrose zu je einem Dirham, zerreibe das alles und streue es auf gekochte Zwiebeln. Man esse es mit ungesäuertem Brot und trinke auch die Sauce. Seine Schwäche schwindet und seine Aktivität, besonders die sexuelle, wird gesteigert. Die Kohabitation kann er, sooft er will, ausüben, ohne dass er geschwächt wird, sich seine Gesichtsfarbe verändert oder er müde wird. Sein Zustand bessert sich, er wird gesund und er erlangt Frieden.« (25)

Solcherart gestärkt im Glauben an die wundersame Wirkung schmackhafter Tauben, können wir zur Tat schreiten:

Taubenbrüste im Ofen
Arabische Länder

3 Stunden Vorbereitungs- und Kochzeit
für 6 Personen

1 kg Taubenbrüste oder -beine
2 EL Olivenöl
½ Tasse Zitronensaft
4 Knoblauchzehen
3-4 kleine Zwiebeln
2-3 grüne Paprika

◆ Taubenbrüste in 4 cm große Stücke schneiden, die Beine ganz lassen.
In einer großen Schüssel Öl, Zitronensaft, zerdrückten Knoblauch, ½ TL Salz und ½ TL Pfeffer mischen. Die Taubenteile hineinlegen und zwei Stunden im Kühlschrank marinieren.
Die Zwiebeln vierteln. Die Paprika halbieren und entkernen, das weiße Fruchtfleisch entfernen, die Schoten in Scheiben schneiden. Abwechselnd Taubenteile, Zwiebeln und Paprika auf ein Backblech legen. Im auf 200° vorgeheizten Ofen etwa 30 Minuten braten, dabei einmal wenden.

Variante:
Statt der Tauben können auch Hühner oder anderes Geflügel genommen werden.

Weitere Geflügelgerichte

Die Sitte, Hühner vor dem Braten zu kochen, stammt aus ländlichen Gegenden, wo die Tiere längere Zeit als Legehennen dienen. Würde das Fleisch der älteren Tiere gebraten, wäre es nicht mehr zart; daher werden sie zuerst gekocht und anschließend gebraten. Die Methode liefert zudem eine zusätzliche Hühnersuppe.

◆ Das Huhn waschen, in vier Teile zerlegen, salzen und pfeffern. 2 l Wasser zum Kochen bringen, Hühnerteile und geviertelten Knoblauch hineingeben und 30 Minuten kochen, bis das Fleisch fast weich ist.
Kartoffeln schälen und in dünne Scheiben schneiden, Möhren in Scheiben und Zwiebeln in Ringe schneiden. In einer Pfanne Öl erhitzen und Zwiebeln, anschließend Kartoffeln und Möhren darin anbraten.
Die Hühnerteile aus der Suppe schöpfen und auf einen Teller legen. Das Gemüse aus der Pfanne nehmen, in die Suppe geben und 15 Minuten kochen. Mit Brühe abschmecken.
Das Fleisch von den Knochen lösen, in die Pfanne legen und 5 Minuten braten. Wenn nötig, weiteres Öl hinzufügen.
Das Hühnerfleisch mit Petersilie garnieren und auf einer Platte servieren, die Suppe getrennt reichen.

Brathuhn mit Suppe
Nordafrika, Ägypten

für 4 Personen

1 Huhn (1½ kg)
2 Knoblauchzehen
3 Kartoffeln
2 Möhren
2 Zwiebeln
3 EL Öl
Hühnerbrühe
1 Bund Petersilie

Hühnchensuppe
Ghana

1 Hühnchen
500 g Tomaten
2 grüne Pfefferschoten
Öl
2 gehackte Zwiebeln

◆ Das Hühnchen in kleine Stücke zerteilen. Die Tomaten häuten und klein schneiden, die Pfefferschoten zerkleinern.
Öl erhitzen, Zwiebeln und Pfefferschoten darin anbraten. Das Hühnchen gegebenenfalls mit Knochen zugeben und ebenfalls gut anbraten. Tomaten mit wenig Wasser beifügen und alles 30 Minuten einkochen, bis die Suppe die richtige Konsistenz hat.
Beilage: Knollenbrei (Seite 129)

Stubenküken
Algerien

am Vortag beginnen
für 6 Personen

3 Stubenküken
2 EL Anissamen
3 Zitronen (Saft)
2 Zwiebeln
4 Knoblauchzehen
1 Bund Koriander
1 Stück Ingwerwurzel
 (5 cm)
2 TL Paprika
½ TL Cayennepfeffer
1 Prise Safran
¼ l Olivenöl

◆ In einer beschichteten Pfanne ohne Fett die Anissamen rösten, bis sie zu duften beginnen. Im Mörser zerstoßen. Mit Zitronensaft, geriebenen Zwiebeln, zerdrücktem Knoblauch, gehacktem Koriander, geriebenem Ingwer, Paprika, Cayennepfeffer und Safran in eine Schüssel geben, mit Öl verrühren, mit Pfeffer und Salz abschmecken.
Die Stubenküken aufschneiden, überflüssige Haut und Fett entfernen. In die Schüssel legen und mit der Marinade einreiben. Zudecken und zwölf Stunden im Kühlschrank marinieren.
Vor dem Grillen die Küken Zimmertemperatur annehmen lassen. Auf dem Grill oder im Backofen bei mittlerer Hitze grillen. Ab und zu wenden und mit der restlichen Marinade bestreichen.

Erdnussreis mit Truthahnkeule in Tomatensauce
Simbabwe

3 Stunden Vorbereitungs- und Kochzeit
für 4 Personen

4 Truthahnkeulen
1 kg Erdnüsse mit Schale
Butter
400 g weich kochender Reis
1 Zwiebel
6 Tomaten
Öl

◆ Die Erdnüsse schälen und in einem Topf ohne Öl bei mittlerer Hitze rösten, bis sie eine leicht braune Farbe annehmen. Die Häutchen entfernen und die Nüsse mahlen, eventuell etwas Butter untermischen, bis eine Paste entsteht.
Den Reis garen.
Währenddessen Zwiebel und Tomaten in kleine Stücke schneiden. Öl erhitzen und die Zwiebel darin anbraten. Die Tomaten beifügen und zugedeckt bei mittlerer Hitze köcheln, bis eine Sauce entsteht, dabei gelegentlich umrühren.
Währenddessen die Truthahnkeulen würzen. In einer Pfanne Öl erhitzen und die Keulen kurz auf beiden Seiten scharf anbraten, danach bei schwacher Hitze fertig garen.
Die Erdnussbutter unter den gegarten Reis rühren. Die Tomatensauce mit Pfeffer und Salz abschmecken. Fleisch, Reis und Sauce getrennt voneinander servieren.

Gegessen wird mit der Hand. Dabei formt die rechte Hand aus dem Reis kleine Bällchen und tunkt diese in die Sauce. Nach dem Essen wird eine Schale und ein Krug mit warmem Wasser gereicht. Das Familienoberhaupt gießt jedem Gast zur Reinigung aus dem Krug etwas Wasser über die Hände.

Huhn mit Couscous-Füllung
Nordafrika

für 4 Personen

1 Huhn
500 g Couscous-Füllung (Seite 96)
70 g Butter
1 Zwiebel
1 Prise Safran
½ Zimtstange
2 TL gemahlener Zimt
2 EL Honig

◆ Das Huhn vorsichtig ausnehmen und gründlich waschen. Den Hals abschneiden, ohne jedoch die Haut zu verletzen. Außen und innen abtrocknen. Das Huhn mit der Couscous-Mischung füllen und zunähen.
In einem Topf Butter zerlassen, das Huhn hineingeben, die geriebene Zwiebel hinzufügen. Mit 1 TL Pfeffer, Safran und Salz bestreuen. ¼ l Wasser zugießen und die Zimtstange hinzufügen. Zudecken und etwa 50 Minuten garen, bis sich die Haut leicht lösen lässt. Gelegentlich wenden, ohne die Haut zu verletzen. Wenn nötig, weiteres Wasser zugießen.
Wenn das Huhn gar ist, herausnehmen und warm stellen. Der Sauce Zimt und Honig beifügen und köcheln, bis sie sämig ist. Das Huhn in eine feuerfeste Form geben und im auf 180° vorgeheizten Backofen leicht braun braten.
Auf einer Platte mit der restlichen Couscous-Füllung servieren.

Huhn in Reis
Nordafrika

2 Stunden Vorbereitungs- und Kochzeit
für 4-6 Personen

1 Huhn (etwa 1½ kg)
1 Tasse Reis
2 gehackte Zwiebeln
1 große Tomate
1½ Tassen Milch
½ TL Paprika
¼ TL Safran
1 Lorbeerblatt
gehackte Petersilie

◆ Das Huhn in vier Teile zerlegen. Mit Pfeffer und Salz abreiben, in einen Topf legen, mit Wasser bedecken. Zum Kochen bringen, die Temperatur verringern und die Hühnerteile bei schwacher Hitze 20 bis 30 Minuten garen, bis sich das Fleisch leicht von den Knochen lösen lässt. Während des Kochens den Schaum abschöpfen. Die Hühnerteile aus der Brühe nehmen und abkühlen lassen. Die Haut abziehen und in Stücke schneiden, das Fleisch von den Knochen lösen, beides zur Seite legen. Die Brühe durchseihen.
Den Reis waschen und in einem Sieb abtropfen lassen. Zwiebeln und Reis mischen und in eine feuerfeste Form geben. Die in Scheiben geschnittene Tomate darauflegen, die Hühnerteile darüber geben. Milch und 1½ Tassen Hühnerbrühe mit Paprika, Safran, Lorbeerblatt, etwa 2 TL Salz und ½ TL Pfeffer mischen und über die Hühnerteile gießen.
Die Form in den auf 150° vorgeheizten Ofen stellen und gut eine Stunde braten, bis der Reis alle Flüssigkeit aufgenommen hat und gar ist. Falls die Flüssigkeit vorher verdampft, weitere Brühe oder Milch zugießen – das Gericht darf nicht austrocknen, zu lange gebraten werden kann es nicht.
Mit Petersilie garniert servieren.

Huhn mit Kichererbsen und Zwiebeln
Nordafrika

am Vortag beginnen
für 4 Personen

1 Huhn
½ Tasse Kichererbsen
100 g Butter
600 g Zwiebeln
1 Prise Safran
½ TL gemahlener Zimt
½ Bund Petersilie
¼ Zitrone (Saft)

◆ Die Kichererbsen über Nacht in reichlich kaltem Wasser einweichen.
Am nächsten Tag das Huhn ausnehmen, gründlich waschen und in Teile zerlegen. In einem Topf Butter zerlassen und das Fleisch kurz darin anbraten. Zwei Zwiebeln in Ringe schneiden, dem Fleisch zugeben und glasig dünsten. Die Kichererbsen aus dem Wasser nehmen und hinzufügen. Mit Safran, Zimt, 1 TL Pfeffer und Salz würzen. Mit ¼ l Wasser ablöschen und etwa 50 Minuten garen, bis sich die Haut leicht lösen lässt. Wenn nötig, weiteres Wasser zugießen.
Wenn das Fleisch gar ist, herausnehmen und warm stellen. Restliche Zwiebeln in Ringe schneiden und in die Sauce geben. Gehackte Petersilie hinzufügen. Köcheln, bis die Zwiebeln gar, aber noch fest sind. Abschmecken und vom Herd nehmen.
Zum Servieren das Fleisch nochmals in der Sauce erhitzen. Auf einer Platte anrichten, Kichererbsen und Zwiebeln mit der Sauce darüber geben, mit Zitronensaft beträufeln.

Huhn mit Mandeln und Zwiebeln
Nordafrika

Variante:
◆ Statt der Kichererbsen 125 g Mandeln verwenden. Die Petersilie durch Koriander ersetzen. Zusätzlich mit einer gehackten Knoblauchzehe und ½ Zimtstange würzen.

◆ Das Huhn ausnehmen und gründlich waschen. Die Leber sorgfältig enthäuten, säubern, kurz waschen und zur Seite legen.
In einem Topf Öl erhitzen und das Huhn kurz darin anbraten. Zwiebeln und Knoblauch zugeben und dünsten, bis die Zwiebeln glasig sind. Gehackte Petersilie und gehackten Koriander hinzufügen, nochmals kurz dünsten. Die Leber in kleine Stücke schneiden und zugeben. Alles mit 1 l Wasser ablöschen, zum Kochen bringen. Mit Ingwer, Paprika und Salz würzen. Etwa 50 Minuten garen, bis sich die Haut leicht lösen lässt.
Das Huhn herausnehmen und warm stellen. Der Sauce die Oliven zugeben und nochmals 5 Minuten köcheln.
Zum Servieren das Huhn auf einer Platte anrichten, mit Sauce übergießen und den in Streifen geschnittenen Zitronen garnieren. Die Oliven um das Huhn legen.
Beilage: Reis oder Couscous

Huhn mit Oliven und Zitronen
Nordafrika

für 4 Personen

1 Huhn
½ Tasse Öl
2 gehackte Zwiebeln
1 gehackte Knoblauchzehe
¼ Bund Petersilie
¼ Bund Koriander
½ TL gemahlener Ingwer
¼ TL süßer Paprika
1 Tasse grüne oder schwarze Oliven
1 eingelegte Zitrone (Seite 75)

Kreuzkümmel-Hähnchen
Nordafrika

3 Stunden Vorbereitungs- und Kochzeit
für 4-6 Personen

2 Hähnchen
100 g gemahlener Kreuzkümmel
100 g Butter
3 gehackte Zwiebeln
½ TL gemahlener Ingwer
¼ TL Safran
1 Bund Petersilie
15 schwarze Oliven
2 eingelegte Zitronen (Seite 75)

◆ Den Kreuzkümmel eine Stunde in Wasser einweichen. Währenddessen die Hähnchen ausnehmen und gründlich waschen.
In einem Topf Butter zerlassen und die Hähnchen kurz darin anbraten. Zwiebeln zugeben und glasig dünsten. Mit ¾ l Wasser ablöschen, mit Ingwer, Safran und Salz würzen. Etwa 50 Minuten garen, bis die Hähnchen weich sind.
Eingeweichten Kreuzkümmel und gehackte Petersilie zugeben, alles weitere 5 bis 10 Minuten köcheln. Die Hähnchen herausnehmen, in eine feuerfeste Form legen und im auf 160° vorgeheizten Ofen goldbraun braten. Währenddessen die Sauce etwas einkochen.
Zum Servieren die Hähnchen zerteilen, auf einer Platte anrichten und mit der Sauce übergießen. Mit Oliven und in Streifen geschnittenen Zitronen garnieren.

Huhn mit Pflaumen und Zwiebeln
Nordafrika

4-5 Stunden Vorbereitungs- und Kochzeit
für 4 Personen

2 Hühnchen
500 g Trockenpflaumen
100 g Butter
1 kg Zwiebeln
2 gehackte Knoblauchzehen
½ TL gemahlener Zimt
1 TL gemahlener Ingwer
¼ TL Safran
1 Bund Petersilie
200 g geschälte Mandeln
Öl

◆ Die Pflaumen zwei bis drei Stunden in Wasser einlegen. Währenddessen die Hühnchen ausnehmen, in vier Teile zerlegen und gründlich waschen.
In einem Topf Butter zerlassen und eine gehackte Zwiebel darin goldbraun braten. Knoblauch und Hühnerteile hinzufügen, kurz anbraten. Mit Zimt, Ingwer, Safran und Salz würzen.
Mit 1 l Wasser ablöschen, zum Kochen bringen und etwa 40 Minuten kochen.
Die Pflaumen aus dem Wasser nehmen und etwa 5 Minuten in Salzwasser kochen. Restliche Zwiebeln und gehackte Petersilie den Hühnchen zugeben und alles weitere 15 Minuten köcheln.
Die Mandeln in Streifen schneiden. In einer Pfanne etwas Öl erwärmen und die Mandeln darin goldbraun braten.
Zum Servieren die Hühnerteile auf einer Platte kreisförmig anrichten, die Zwiebeln in die Mitte legen. Die Pflaumen aus dem Salzwasser schöpfen und darüber geben. Mit Mandeln bestreuen.

Huhn mit Kräuter-Füllung
Nordafrika

2 Stunden Vorbereitungs- und Kochzeit
für 4 Personen

1 Huhn
500 g Kartoffeln
gemahlener Kreuzkümmel

für die Füllung:
5 Artischockenböden
½ Bund Petersilie
½ Bund Koriander
2 frische Minzeblätter
3 gehackte Knoblauchzehen
2 eingelegte Zitronen
   (Seite 75)

◆ Für die Füllung die Artischockenböden achteln und mit gehackten Kräutern und Knoblauch vermischen. Zitronen in feine Streifen schneiden und zugeben. Mit ½ TL Pfeffer und Salz würzen, alles nochmals gut vermischen.
Das Huhn ausnehmen und gründlich waschen. Kartoffeln schälen und vierteln. Das Huhn mit der Mischung füllen und zunähen, mit den Resten der Mischung von außen einstreichen. Mit den Kartoffeln in einen Topf geben und etwa eine Stunde dämpfen, bis sich die Haut leicht lösen lässt. Mit Salz abschmecken.
Zum Servieren die Kartoffeln auf einer Platte kreisförmig anrichten. Das Huhn in die Mitte legen, mit einer Mischung aus Salz und Kreuzkümmel bestreuen.

Ente mit Spinatfüllung
Nordafrika

für 4-6 Personen

2 große Enten
Butter

für die Füllung:
1 kg Blattspinat
1 Bund Petersilie
1 Bund Koriander
2 EL Crême fraîche

◆ Die Enten ausnehmen und gründlich waschen. Die Leber sorgfältig enthäuten, säubern, kurz waschen und zur Seite legen.
Für die Füllung den Spinat in Salzwasser garen und anschließend im Mixer pürieren. In eine Schüssel geben, gehackte Petersilie und gehackten Koriander gut untermischen. Die Leber in kleine Stücke schneiden und zugeben. Crême fraîche unterrühren, mit 1 EL Pfeffer und Salz würzen.
Die Enten mit Spinat füllen und gut verschließen. In eine mit Butter eingefettete Form legen, den restlichen Spinat dazugeben. Im auf 180° vorgeheizten Ofen etwa 50 Minuten braten, dabei gelegentlich mit Sauce übergießen.
Zum Servieren die Enten auf einer Platte anrichten, die restliche Sauce darüber verteilen.
Beilage: Salate

Gefüllter Truthahn
Ägypten

6-7 Stunden Vorbereitungs- und Kochzeit
für 8 Personen

1 Truthahn (etwa 4 kg)
2 EL Butter
½ TL gemahlener Zimt
½ TL Muskat

für die Füllung:
½ Tasse Pinienkerne
100 g Butterschmalz (Seite 92)
½ Tasse Pistazien
250 g Hackfleisch von Rind oder Lamm
1 Lorbeerblatt
½ TL gemahlener Zimt
½ TL Pfeffer
¼ TL Safran
¼ TL Kardamompulver
2 Tassen Reis
1 EL Mehl
gehackte Petersilie

◆ Für die Füllung die Pinienkerne in Butterschmalz bei mittlerer Hitze anbraten. Vom Herd nehmen, Pistazien zufügen und kurz schwenken. Pinienkerne und Pistazien aus dem Fett heben und zur Seite legen.
Das Hackfleisch im selben Fett anbraten. 1 TL Salz, Lorbeerblatt und die Hälfte der Gewürze darüber geben. Das Fleisch 5 Minuten braten, 2 Tassen Wasser zugießen. Reis waschen und mit dem Mehl zum Fleisch geben, umrühren und bei schwacher Hitze 25 Minuten köcheln.
Den Truthahn mit kaltem Wasser waschen und abtrocknen und mit den restlichen Gewürzen innen und außen einreiben. Die Reis-Fleisch-Mischung mit Pinienkernen und Pistazien verrühren und den Truthahn mit der Mischung füllen und zunähen, die Beine zusammenbinden. Butter zerlassen und den Truthahn damit bestreichen. Von allen Seiten salzen und pfeffern, mit Zimt und Muskat bestreuen. Mit der Brust nach oben auf ein Backblech legen und mit Aluminiumfolie lose bedecken. Im auf 160° vorgeheizten Ofen vier bis viereinhalb Stunden braten.
Herausnehmen und 20 Minuten an einem warmen Ort ruhen lassen. Vor dem Servieren anschneiden, mit der Petersilie bestreuen, die Füllung als Beigabe reichen.
Beilage: Reis mit Zimt und Muskat oder mit Pinienkernen

◆ Yams kochen und mit einer Gabel zerdrücken. Das Brot in Wasser einweichen, die Flüssigkeit ausdrücken. Eier verschlagen und mit dem Brot den Yams zugeben. Salzen, pfeffern und gut durchmischen. Den Sellerie würfeln.
2 EL Butter zerlassen, Zwiebeln, Sellerie und gehackte Petersilie 20 Minuten darin dünsten. Mit der Brotmasse vermengen.
Die Tauben mit der Mischung füllen. Die Öffnungen mit Küchengarn oder Zahnstochern verschließen. Die Tauben außen großzügig mit Grillpulver einreiben. Im vorgeheizten Ofen bei 180° 45 Minuten grillen. Gelegentlich wenden und mit Butter bestreichen.
Beilagen: Weißbrot und Salat

Varianten:
Statt Tauben einen Truthahn, Wildenten, Wachteln oder Hühner verwenden. Die Menge der Füllung muss entsprechend erhöht beziehungsweise verringert werden.

Gefüllte Wildtaube
Ghana

2 Stunden Vorbereitungs-
und Kochzeit
für 4 Personen

4 Wildtauben
3 Yamsscheiben
250 g altbackenes Brot
2 Eier
150 g Sellerieknolle
125 g Butter
3 gehackte Zwiebeln
1 Bund Petersilie
Grillpulver
(Seite 118)

Die sieben Explosionen der Vereinigung: die Eier

Die Dogon im westafrikanischen Mali verehren als einzigen Gott Amma, von dem alles Leben ausgeht. Zu Anbeginn der Zeit existierte Amma in Gestalt eines Eis, in dem die gesamte Schöpfung angelegt war. Es enthielt die Elemente Feuer, Erde, Wasser und Luft. In sieben Explosionen vereinigten sie sich und schufen das Leben. Denn die Dogon glauben, dass Leben entsteht, wenn die Elemente aufeinander wirken – so schafft zum Beispiel die Luft, die durch ein Feuer weht, Funken; das Wasser, das auf die Erde fällt, lässt Pflanzen wachsen.

Empfehlung: Der Rat des Scheik Nefzaui

»Dieses Kapitel enthält sehr nützliche Anweisungen über die Erhöhung der Kraft beim Beischlaf; der Greis, der fertige Mann wie der Jüngling können ihren Nutzen daraus ziehen.
Hierüber äußert sich der Scheik, der seine Ratschläge den Geschöpfen des hohen Gottes bringt, er, der Weiseste, der Gelehrteste unter seinen Zeitgenossen; vernimm also seine Worte:

Wer jeden Tag das Gelbe von Eiern ohne das Eiweiß isst, wird in dieser Nahrung eine starke Anregung und Hilfe für den Beischlaf finden. Ebenso der, der drei Tage lang Eigelb mit gehackten Zwiebeln isst.

Wer Spargel kocht, sie in Fett brät, Gewürze mit zerstoßenem Eigelb dazugibt und jeden Tag von dieser Speise isst, wird stark zum Beischlaf werden und darin ein Reizmittel für seine Liebeswünsche finden... Wer sich einige Tage von gekochten Eiern ernährt, denen Myrrhe, Zimt,

Pfeffer beigefügt ist, wird eine große Steigerung seiner Kraft erfahren und vieler Erektionen fähig sein. Sein Glied wird so groß werden, wird so in Kraft strotzen, dass es ausschaut, als wollte es nie mehr zur Ruhe kommen.«(26)

Angesichts dieser Aussichten empfehlen wir an dieser Stelle vorsichtshalber ein Rezept, bei dem neben dem Eigelb auch das offenbar weniger aufregende Eiweiß enthalten ist...

Rühreier und Omeletts werden in der arabischen Küche mit viel Gemüse, Gewürzen und Kräutern gegessen. Die einfachsten Rezepte sind die, bei denen Zwiebeln und Petersilie den Eiern zugegeben werden oder – wie in der bäuerlichen Küche üblich – verschiedene Gemüse, die klein geschnitten und kurz angebraten wurden. Auch Hackfleisch und Käse sind schmackhafte Zutaten. Alle Rezepte sind unkompliziert zuzubereiten und bestens für eine schnelle Küche geeignet.

◆ Die Aubergine schälen und in kleine Stücke schneiden.
Butterschmalz erhitzen und die Zwiebel darin goldbraun anbraten. Auberginenstücke und zerdrückten Knoblauch zugeben, 10 Minuten bei mittlerer Hitze braten.
Die Eier mit Pfeffer und Salz schlagen, über die Aubergine gießen. Unter ständigem Rühren braten.

Rühreier mit Auberginen
Ostarabische Länder

für 4 Personen

1 Aubergine
5 EL Butterschmalz
  (Seite 92)
1 fein gehackte Zwiebel
2 Knoblauchzehen
8 Eier

Weitere Eiergerichte

Mango-Omelett
Mali

für 4-6 Personen

4 Mangos
2 EL Zucker
3 EL Zitronensaft
4 Eier
½ Tasse Mehl
Milch
Butter

◆ Die Mangos in kleine Stücke schneiden. Mit Zucker und Zitronensaft bei niedrigster Temperatur 5 Minuten ziehen lassen. Vom Herd nehmen.
Die Eier trennen, das Eiweiß steif schlagen. Mehl und Eigelb den Mangos zugeben. Wenn nötig, etwas Milch zugießen – der Teig sollte eine dickflüssige Konsistenz annehmen. Das Eiweiß unterziehen.
Butter zerlassen und den Teig portionsweise darin braten.

Variante:
Statt Mangos Bananen, Papayas oder Ananas verwenden.

Gemüse-Omelett
Guinea

für 6 Personen

150 g Pilze
150 g Erbsen
4 Eier
Milch
2 Tomaten
1 EL Pflanzenöl
2 gehackte Zwiebeln
6 Scheiben Weißbrot

◆ Die Pilze hacken und mit den Erbsen in wenig Wasser dünsten. Die Eier mit etwas Milch, Pfeffer und Salz schaumig schlagen. Die Tomaten würfeln.
Öl erhitzen und die Zwiebeln darin glasig dünsten. Die Tomaten zugeben und unter ständigem Rühren etwa 5 Minuten braten. Wenn nötig, etwas Wasser zugießen. Pilze und Erbsen hinzufügen, aufkochen und 3 Minuten köcheln.
Die Sauce mit der Eimasse übergießen und bei verringerter Hitze weiterköcheln, bis die Eier stocken.
Auf getoasteten Brotscheiben verteilen und heiß servieren.

◆ Die Eier mit etwas Milch, Pfeffer und Salz schaumig schlagen. Die Tomaten würfeln.
Öl erhitzen und die Zwiebeln darin glasig dünsten. Die Tomaten zugeben und unter Rühren 3 Minuten braten.
Die Ölsardinen samt Öl zugeben, weitere 3 Minuten braten.
Mit der Eimasse übergießen und alles bei mittlerer Hitze weiterbraten, bis die Eier stocken.
Auf getoasteten Brotscheiben verteilen, mit Oliven garnieren und heiß servieren.

Sardinen-Omelett
Sierra Leone

für 4 Personen

400 g Ölsardinen
4 Eier
Milch
2 Tomaten
1 EL Pflanzenöl
2 gehackte Zwiebeln
4 Scheiben Weißbrot
4 Oliven

◆ Die Eier schlagen. Lauchzwiebeln hacken, einen Teil des grünen Stängels mitverwenden. Mit gehackter Petersilie, gehackter Minze, Salz und Pfeffer verrühren.
In einer Pfanne Butter zerlassen und die Hälfte des Eierteigs bei schwacher Hitze goldbraun backen, dabei einmal wenden. Mit dem restlichen Teig auf gleiche Weise verfahren.

Omelett mit Lauchzwiebeln
Ägypten

für 4 Personen

8 Eier
3 kleine Lauchzwiebeln
1 großes Bund Petersilie
½ Bund frische Minze
4 EL Butter

◆ Den Spinat waschen, grob hacken und mit der Zwiebel kurz anbraten. Abkühlen lassen.
Die Eier mit Milch, Salz und Pfeffer schlagen, in einer Schüssel mit dem Spinat vermischen.
In einer Pfanne Butter zerlassen und die Hälfte des Eierteigs bei schwacher Hitze goldbraun backen, dabei einmal wenden. Mit dem restlichen Teig auf gleiche Weise verfahren.

Omelett mit Spinat
Arabische Länder

für 4 Personen

250 g Spinat
1 gehackte kleine Zwiebel
8 Eier
3 EL Milch
4 EL Butter

Pfeffereier
Ghana

für 4 Personen

8 Eier
6 Tomaten
1 kleines Stück
  Ingwerwurzel
3 gehackte Zwiebeln
3 gehackte Pfefferschoten
8 Scheiben Weißbrot

◆ Die Eier hart kochen, pellen und zur Seite stellen.
Tomaten würfeln, Ingwer hacken. Mit Zwiebeln und Pfefferschoten im Mixer pürieren. Die Paste mit Salz abschmecken und auf vier Teller verteilen.
Pro Person je zwei Eier und zwei Scheiben Brot dazu anrichten und servieren.

Mai Mai
Nigeria

am Vortag beginnen
für 6 Personen

6 Eier
1 kg eingeweichte und
  gehäutete Schwarzaugen-
  bohnen
1 fein gehackte kleine
  Zwiebel
3 EL getrocknete Shrimps
  in Pulverform
¼ l Palmöl
Bananenblätter oder
  Aluminiumfolie

◆ Die Eier hart kochen, pellen und eventuell halbieren. Bohnen pürieren, mit Zwiebel, Shrimps und Salz würzen. Nach und nach unter Rühren Wasser und Öl zugießen. Das Püree in sechs Portionen teilen, jede Portion mit einem Ei in Bananenblätter wickeln, mit Bindfaden fixieren. Die Päckchen im Dampfkochtopf etwa anderthalb Stunden garen.
Beilage: Kochbananen oder Cocoyams

Variante – *the african way:*
Mai Mai kann auch in leeren Konservendosen, in kochendes Wasser gestellt, gedämpft werden.

Neben Reis und Couscous ist Burghul ein wichtiges Grundnahrungsmittel der arabischen Küche, das keinerlei Ansprüche an die Kochkunst stellt. Es ist vorgekochter und wieder getrockneter Weizen, der fein, mittel oder grob geschrotet sein kann. Burghul aus feinem Weizen wird für Süßspeisen verwandt, der aus mittlerem oder grobem Weizen für Hauptspeisen wie Hackfleischmischungen und alle Arten von Füllungen. Er hat ein leicht nussartiges Aroma.

◆ Den Burghul 5 Minuten einweichen. Gut abtropfen und 10 Minuten ruhen lassen.
In einer hohen Pfanne oder einem Topf etwa 4 EL Butterschmalz erhitzen und die Zwiebeln darin goldbraun braten. Burghul zugeben und 5 cm hoch mit Wasser bedecken. Eier mit Schale hineinlegen, Salz und Pfeffer hinzufügen und alles zugedeckt bei schwacher Hitze anderthalb bis zwei Stunden köcheln, bis der Burghul weich ist, dabei öfter umrühren. Wenn nötig, etwas Wasser zugießen, damit es nicht ansetzt.
In einer zweiten Pfanne 2 EL Butterschmalz erhitzen, zerdrückten Knoblauch, Koriander, Chilipfeffer und ½ TL Salz zugeben, etwa 2 Minuten schwenken. Vorsichtig unter die Burghul-Mischung rühren.
Die Eier eventuell unter kaltem Wasser kurz abspülen und mit der Mischung servieren. Das Eiweiß ist braun geworden, hat aber einen ausgezeichneten Geschmack angenommen.

Burghul-Eier mit Ta'leya
Ägypten

2-3 Stunden Vorbereitungs- und Kochzeit
für 4 Personen

2 Tassen Burghul
6 EL Butterschmalz (Seite 92)
2 gehackte Zwiebeln
4 Eier
3 Knoblauchzehen
1 TL gemahlener Koriander
1 Prise Chilipfeffer

Rührei
Äthiopien

für 3-4 Personen

4 Eier
2 Peperoni oder 1 Paprika
2 EL Öl
1 fein gehackte kleine
 Zwiebel
½ TL Cayennepfeffer

◆ Die Peperoni halbieren, entkernen und fein hacken. In einer Schüssel die Eier mit schwarzem Pfeffer und Salz verschlagen.
In einer Pfanne Öl erhitzen und die Zwiebel darin leicht bräunen. Mit etwas Salz bestreuen und die Temperatur reduzieren. Die Eier langsam zugießen und unter weiterem Rühren anbraten, bis sie sich vom Rand und Boden der Pfanne lösen.
Die Eimasse zerkleinern, die Peperoni zugeben und servieren. Mit Cayennepfeffer bestreuen.

Rühreier mit Hackfleisch
Tunesien

für 4 Personen

8 Eier
3 EL Butterschmalz
 (Seite 92)
2 fein gehackte große
 Zwiebeln
200 g Hackfleisch
1 Tasse pürierte Tomaten
1 TL milder Paprika
½ TL eingelegter
 Chilipfeffer (Seite 76)
2 grüne Paprika

◆ In einer Pfanne 2 EL Butterschmalz erhitzen und die Zwiebeln darin goldbraun braten. Hackfleisch zugeben und unter Wenden bräunen. Tomaten, Paprika, Chilipfeffer und 1 TL Salz hinzufügen, 5 Minuten köcheln.
Die Paprika halbieren und entkernen, das weiße Fruchtfleisch entfernen, die Schoten in Streifen schneiden. In einer zweiten Pfanne das restliche Butterschmalz erhitzen und die Paprika darin anbraten. Zur Hackfleischmischung geben.
Die Eier schlagen, über die Mischung gießen und bei mittlerer Hitze unter Rühren braten, bis sie stocken.

◆ Die Hefe in 1 Tasse lauwarmem Wasser anrühren und gehen lassen. Mehl mit 1 TL Salz in eine Schüssel sieben. Die Eier gut schlagen und mit Zitronenschale sowie Milch zugeben. Alles gut vermischen und fest kneten, bis ein weicher und elastischer Teig entsteht. Die Schüssel zudecken und an einem geschützten Ort über Nacht gehen lassen, bis der Teig etwa das doppelte Volumen erreicht hat.
Am nächsten Tag die Hände mit Öl einfetten und den Teig in eigroße Kugeln zerteilen. In die Mitte jeder Kugel ein Loch bohren und ausdehnen, so dass kleine Ringe entstehen.
In einem Topf ausreichend Öl erhitzen und die Krapfen darin schwimmend goldbraun backen. Zucker und Vanillezucker mischen. Die Krapfen darin wenden und heiß servieren.

Eierkrapfen
Nordafrika

am Vortag beginnen
für 25-30 Stück

1 kg Weizenmehl
30 g frische oder
  Trockenhefe
4 Eier
abgeriebene Zitronenschale
½ l lauwarme Milch
Öl
Zucker
1 Päckchen Vanillezucker

◆ Den Spinat verlesen, waschen und abtropfen lassen.
In einem Topf Öl erhitzen und die Zwiebeln darin bräunen. Roten Pfeffer zugeben und unter Rühren 3 Minuten erhitzen. Den Spinat beifügen und ohne Deckel 15 bis 20 Minuten kochen, bis die Flüssigkeit verdampft ist.
Kurz vor Ende der Kochzeit in einer Schüssel die Eier verschlagen und unter den Spinat mischen. Mit Salz, schwarzem Pfeffer und Kardamom abschmecken. Den Topf sofort vom Herd nehmen.

Spinat mit Eiern
Äthiopien

1 kg Spinat
2 EL Öl oder Gewürzbutter
  (Seite 162)
2 gehackte kleine Zwiebeln
¼ TL rote Pfeffermischung
  (Seite 74)
5 Eier
¼ TL Kardamompulver

Eiersauce
Äthiopien

4-5 Eier
2 große Tomaten
1 Peperoni
2 fein gehackte Zwiebeln
2 TL rote Pfeffermischung
 (Seite 74)
3 EL Gewürzbutter
 (Seite 162) oder Butter
¼ TL gemahlener Ingwer
¼ TL Kardamompulver
⅛ l Met oder Wasser
1 Basilikumblatt

◆ Die Tomaten häuten. Die Peperoni halbieren, entkernen und klein schneiden.
In einer Pfanne ohne Fett die Zwiebeln kurz anbraten. Roten Pfeffer sowie etwas Wasser beifügen und erhitzen. Butter und Tomaten dazugeben, 3 Minuten kochen.
In einer Schüssel die Eier kurz schlagen und unter kräftigem Rühren langsam untermischen, bis die Masse steif wird. Salz, schwarzen Pfeffer, Ingwer sowie Kardamom zugeben und umrühren. Nach und nach Met zugießen und alles bei mittlerer Hitze 15 Minuten garen, dabei öfter umrühren.
Peperoni sowie Basilikum zugeben und servieren.

Quarkpudding
Kapverdische Inseln

500 g Zucker
Butter
2 Eigelb
3 Eier
1 Tasse lauwarme Milch
250 g Quark
abgeriebene Zitronenschale

◆ 50 g Zucker schmelzen und bräunen. In eine mit Butter eingefettete Puddingform gießen und abkühlen lassen.
Eigelb und Eier mit dem restlichen Zucker verschlagen. Milch, Quark und Zitronenschale zugeben, gut durchrühren. Die Mischung in die Puddingform geben.
Den Pudding im vorgeheizten Ofen bei 150° goldbraun backen.
Warm oder kalt servieren.

Granatäpfel und Feigen

Symbol des körperlichen Geheimnisses der Frau: der Granatapfel

»Der Granatapfelbaum spricht: Meine Kerne gleichen ihren Zähnen, meine Frucht ihren Brüsten. Ich bin der Beste des Baumgartens, weil ich zu jeder Jahreszeit bleibe. Die Geliebte und ihr Geliebter wandeln unter meinen Zweigen, trunken von Wein und Süßwein, gesalbt mit Öl und Balsam«, heißt es in einem altägyptischen Papyrus.

Die gelben und roten Früchte des ursprünglich in Westasien beheimateten Granatapfelbaums werden von Kelchzipfeln gekrönt – die übrigens Pate standen für das berühmte Zwiebelmuster des Meißener Porzellans. Die Samen liegen in den vielen von Trennwänden umhüllten Kammern.

Der göttliche Liebesapfel

»Der Granatapfel ist das Symbol für das körperliche Geheimnis der Frau, als auch für den Zugang zu diesem.«

Die Tür des Paradieses schlug zu, weil Adam und Eva vom »Baum der Erkenntnis« naschten und sich so ihrer Nacktheit und des Unterschieds von gut und böse bewusst wurden. Anlass war der Apfel und der Baum der Erkenntnis ein Apfelbaum – bei allem, was man vermuten darf, ein Granatapfelbaum.

Dessen Früchte galten im Altertum folgerichtig als Liebesäpfel. Der Baum war Sinnbild der göttlichen Vereinigung mit dem Menschen, entsprechend wirkungsreich empfand man den Genuss der Früchte und Samen. Die leuchtend roten Früchte mit ihren vielen Kernen stehen, wie die Feige, für den weiblichen Schoß, symbolisieren Fruchtbarkeit. Wer sie mit dem richtigen Bewusstsein aß, den konnten sie zu erotischen Gefühlen führen.

Und spätestens seit der Entdeckung der bisher ältesten Skelette in Ostafrika verdichten sich die Hinweise auf den Ort, an dem das Paradies beheimatet war, und die Vermutungen über die Hautfarbe Adam und Evas.

In den arabischen Ländern trinken die Menschen nach sättigenden Mahlzeiten eine Tasse magenverträglichen und verdauungsfördernden süßen Tee und essen als Abschluss der Mahlzeit frische Früchte, beispielsweise Orangen, Melonen, Mangos – oder Granatäpfel.

**Empfehlung:
Ein fruchtig-frisches Dessert**

◆ Den reifen Granatapfel in der Hand weich kneten, ohne die Schale zu verletzen. Am Kelchansatz ein Loch anbringen und den Saft herauspressen.
Möglichst Flecken vermeiden, da der Saft der Granatapfelfrucht nicht zufällig als Färbemittel verwendet wird…

Frischer Granatapfelsaft

Weitere Granatapfelgerichte

Granatapfelsuppe
Arabische Länder

für 6 Personen

300 ml Granatapfelsaft oder 70 ml Granatapfel-Konzentrat
300 g Hackfleisch von Lamm oder Rind
4 gehackte Zwiebeln
4 EL Öl
1 TL Kurkuma
50 g gelbe Trockenerbsen
100 g Reis
100 g Spinat
1 Bund Koriander
½ Bund Petersilie
½ Bund Pfefferminze
1 Lauchzwiebel
1 Zitrone (Saft)
30 g Zucker

zum Garnieren:
4 gehackte Knoblauchzehen
1 TL getrocknete Pfefferminze

◆ Das Fleisch mit zwei Zwiebeln, Pfeffer und Salz in eine Schüssel geben, mit den Händen kneten und zu walnussgroßen Klößchen formen.
In einem Topf 3 EL Öl erhitzen und die restlichen Zwiebeln mit Kurkuma darin goldbraun braten. Mit 1½ l Wasser ablöschen und die Erbsen bei mittlerer Hitze 20 Minuten darin kochen.
Den Reis zugeben und weitere 15 Minuten kochen, dabei gelegentlich umrühren, damit nichts ansetzt.
Spinat, Kräuter und Lauchzwiebel waschen, klein hacken und in den Topf geben. Bei mittlerer Hitze unter gelegentlichem Rühren erneut 20 Minuten kochen.
Granatapfel- und Zitronensaft, Zucker und Fleischklößchen hinzufüge, nochmals 20 Minuten kochen. Mit Pfeffer und Salz abschmecken, falls nötig, etwas Wasser zugießen.
Zum Garnieren in einer Pfanne 1 EL Öl erhitzen und den Knoblauch darin anbraten. Vom Herd nehmen. Die Minze in der noch heißen Pfanne mit dem Knoblauch verrühren und über die Suppe streuen. In der Terrine oder auf Tellern servieren.

◆ Alle Früchte schälen und in Würfel oder Scheiben schneiden. Honig zugeben und vor dem Servieren kühl stellen.

Tropischer Fruchtsalat
Arabische Länder

für 20 Portionen

6-8 Granatäpfel
1 kleine Wassermelone
4 Mangos
1 Papaya
1 Ananas
6 Guaven
5 Orangen
2 Bananen
nach Geschmack: Honig

◆ In einem Topf Zucker und 1 EL kaltes Wasser unter Rühren schwach erhitzen, bis der Zucker karamellisiert. Den Topf vom Herd nehmen und 3 EL kochendes Wasser einrühren. Das Karamell auf acht Förmchen verteilen und zur Seite stellen.
Für die Creme den Herd auf 130° vorheizen. Eier, Eigelb und Zucker mit einem Schneebesen verschlagen. In einem großen Topf Kokosmilch, Sahne, Kokosflocken und Vanillearoma zum Kochen bringen. Die Mischung langsam unter die Eier geben und die Masse durch ein Sieb streichen. Die Creme ebenfalls auf die Förmchen verteilen und sich langsam setzen lassen. Die Förmchen in einer zur Hälfte mit Wasser gefüllten Fettpfanne in den Ofen stellen und 45 Minuten backen.
Aus dem Ofen nehmen und abkühlen lassen, zuletzt in den Kühlschrank stellen. Zum Servieren auf einen Teller stürzen und das Granatapfelfleisch darum verteilen.

Granatäpfel mit Karamell-Kokos-Creme
Tunesien

für 8 Personen

8 halbe Granatäpfel
185 g Zucker

für die Creme:
4 Eier
2 Eigelb
185 g Zucker
625 ml Kokosmilch
250 ml Sahne
50 g Kokosflocken
1 TL Vanillearoma

Angel's Delight

pro Glas

4 cl Sahne
einige Spritzer Grenadine
2 cl Triple sec
2 cl Gin

Nicht afrikanisch, aber alkoholisch…

◆ Alle Zutaten auf viel Eis im Shaker kräftig schütteln und in eine Cocktailschale abseihen.

Grenadine ist der konzentrierte Saft aus Granatäpfeln; das im folgenden Cocktail verwendete Angostura ein aus der Rinde des Angostura-Baumes gewonnener Bitterlikör.

Pick me up

pro Glas

1 cl Zitronensaft
2-3 cl Brandy
1 Spritzer Angostura
1 Spritzer Grenadine
einige Spritzer Zuckersirup
Champagner

◆ Alle Zutaten im Shaker auf Eis kräftig schütteln. In einen Champagnerkelch abseihen und mit Champagner auffüllen.

Frucht der Scham: die Feige

Hatten die Früchte des Granatapfelbaums den Menschen die Augen geöffnet und sie ein Gefühl für Scham entwickeln lassen, so dienten seine Blätter wie die des noch berühmteren Feigenbaums in europäischen Darstellungen nun der Verhüllung derselben. Jahrtausendelang fand man die häufigste Ansicht von Feigenblättern in der Körpermitte nackter menschlicher Leiber – obwohl (oder weil?) die Feige als natürliches Synonym für den weiblichen Schoß galt.

Echte Feigen oder Essfeigen, ursprünglich in Asien beheimatet, gelangten in der Antike von Mesopotamien über Ägypten nach Westafrika und werden heute auch in Algerien und Marokko angebaut.

Aber es gibt afrikaweit eine große Anzahl anderer, ebenfalls essbarer und Feigen genannter Früchte wie Sykomore, Eselsfeige, Maulbeer-, Pharao-, Kaki- oder Kaktusfeige.

Sinnlichkeit bedeutet in Europa auch Überwindung der Schamhaftigkeit und damit die kontrollierte Tabuverletzung und -brechung als erotisches Spiel. Die meisten Afrikaner dagegen kennen die in Europa so ausgeprägte Scham vor dem nackten Körper nicht. In Afrika dominiert der natürliche Umgang mit dem eigenen und fremden Körper. Was letztlich sinnenfreudiger ist, lässt sich kaum allgemein gültig feststellen.

Sinnenfreundlich und gaumenschmeichelnd – das allerdings lässt sich für Afrika wie für Europa formulieren – ist dagegen ohne Zweifel ein frischer Salat:

Empfehlung: Ein Salat für die Sinne

Kaktusfeigensalat

für 4- 6 Personen

5 Kaktusfeigen
5 Grapefruits
Geflügel- oder Wildfleisch
  (je nach Geschmack)
1 Senfgurke
Essig
Öl

Um sich nicht an den Stacheln zu verletzen, schält man die Früchte am besten mit Messer und Gabel. Oder man legt sie in Wasser, in dem sich die feinen Stacheln leicht abstreifen lassen, und schält sie dann.

◆ Das Fruchtfleisch der Feigen in Würfel schneiden, die gleiche Menge Grapefruits hinzugeben. Fleisch und Senfgurke würfeln und beigeben.
Den Salat mit Essig, Salz und Pfeffer abschmecken und mit Öl binden.

Weitere Feigengerichte

◆ Das Huhn ausnehmen, gründlich waschen und in Stücke zerteilen. In einem Topf die Butter zerlassen und das Fleisch kurz darin anbraten. Die Zwiebel zugeben und kurz dünsten. Den Knoblauch zugeben. Mit Ingwer und Safran würzen und nach Geschmack salzen. Mit ½ l Wasser ablöschen und etwa 50 Minuten garen, bis sich die Haut leicht lösen lässt.
Den Honig mit dem Zimt vermischen und über das Fleisch geben. Etwa 10 Minuten köcheln.
Die Feigen halbieren und über das Fleisch geben. Die Sauce etwas einkochen.
Zum Servieren das Fleisch auf einer Platte kreisförmig anrichten und die Feigen in die Mitte legen. Die Sauce nochmals erwärmen, die Crème fraîche zugeben und gut verrühren. Alles mit der Sauce begießen.

Süßes Huhn mit frischen Feigen
Marokko

für 4 Personen

1 Huhn
40 g Butter
1 gehackte Zwiebel
1 Knoblauchzehe
½ TL Ingwerpulver
1 Prise Safran
½ Glas Honig
½ TL Zimt
800 g frische Feigen (noch geschlossen)
½ Tasse Crème fraîche

Rindercurry mit Kakifeigen
Gambia

2 Stunden Vorbereitungs- und Kochzeit
für 4 Personen

1 kg Rindfleisch
1 große Zwiebel
Palmöl
1-2 EL Currypulver (Seite 85)
3 Möhren
4 Kartoffeln
4 Okras
5 Kakifeigen

◆ Das Fleisch würfeln, die Zwiebel in große Stücke schneiden.
Öl erhitzen und die Zwiebel darin glasig anbraten. Herausnehmen und zur Seite stellen.
In demselben Öl das Fleisch anbraten, die Zwiebelstücke wieder beifügen. Curry in etwas Wasser auflösen und zum Fleisch geben. Salzen, pfeffern, zudecken und bei mittlerer Hitze anderthalb Stunden köcheln. Gelegentlich umrühren und, wenn nötig, Wasser zugießen.
Möhren, Kartoffeln und Okras würfeln. Nach 30 Minuten zum Fleisch geben und bis zum Ende mitgaren. Die Kakifeigen ebenfalls würfeln und etwa 5 Minuten später hinzugeben.
Beilage: Reis

Anmerkungen

(1) Farb, George 1980, S. 104
(2) Alice Walker: Olivenöl. In: Kouoh/ Ehling 1994, S. 294
(3) Chesi 1997, S. 14
(4) Hesse 1980, S. 93
(5) Müller 1984, S. 389
(6) Celestine A. Obi
(7) Aschwanden 1976, S. 185
(8) Paulhan 1970, S. 41
(9) Aschwanden 1976, S. 52
(10) Aschwanden 1976, S. 185
(11) Francesco Carletti, 1594. In: Schröder 1991, S. 129
(12) zitiert nach: Rätsch 1995, S. 89
(13) Der duftende Garten, S. 145f.
(14) Der duftende Garten, S. 156
(15) Müller-Ebeling. In: Rätsch 1995, S. 154
(16) Allende 1998, S. 77
(17) Der duftende Garten, S. 153
(18) Roald Dahl: Onkel Oswald und der Sudan-Käfer. Reinbek 1985, S. 56
(19) Allende 1998, S. 120f.
(20) Der duftende Garten, S. 98
(21) zitiert nach: Dr. Aigremont 1997, S. 101
(22) Dr. Aigremont 1997, S. 98
(23) Winnington 1991, S. 68
(24) Der duftende Garten, S. 154f.
(25) zitiert nach: Winnington 1991, S. 84
(26) Der duftende Garten, S. 163f.

Literatur

Dr. Aigremont: Volkserotik und Pflanzenwelt. Berlin 1997 (Reprint der Ausgabe Leipzig 1907-1910)

Isabel Allende: Aphrodite, Eine Feier der Sinne. Frankfurt am Main 1998

Herbert Aschwanden: Symbole des Lebens. Zürich 1976

Autorenteam: Afrika, Stimmen der Ahnen. London 1999

Carol Beckwirth, Angela Fisher: Afrika, Kulte, Feste, Rituale. München 1999

Gert Chesi: Die Medizin der schwarzen Götter, Magie und Heilkunst Afrikas. Innsbruck 1997

Der duftende Garten des Scheik Nefzaui. Nürnberg o.J. (Reprint der Ausgabe London 1850)

Peter Farb, George Armelagos: Consuming Passions, The Anthropology of Eating. Boston 1980

Alan Forman, Stephan Niederweser: Die Heilungsgeheimnisse der Naturvölker. München 1999

Harald Haarmann: Die Gegenwart der Magic. Frankfurt am Main 1992

Peter G. Hesse: Sexuologie: Geschlecht, Mensch, Gesellschaft. Leipzig 1980

Ilona Maria Hilliges: Afrikanische Liebesmagie. München 2000

Koyo Kouoh, Holger Ehling (Hg): Töchter Afrikas. München 1994

Enrico Malizia: Das Hexenrezeptbuch. München 2000

Gaby Miketta, Claudia Tebel-Nagy: Liebe und Sex, Über die Biochemie leidenschaftlicher Gefühle. Stuttgart 1996

Müller: Die bessere und die schlechtere Hälfte. Ethnologie des Geschlechterkonflikts. München 1984

Celestine A. Obi: Marriage among the Igbo in Nigeria. Aus: http:\\www.motherlandnigeria.com

Gert v. Paczensky, Anna Dünnebier: Kulturgeschichte des Essens und Trinkens. München 1994

Jean Paulhan: Le Repas et l'Amour chez les Merinas. Montpellier 1970

Will-Erich Peuckert: Geheimkulte. Hildesheim, Zürich, New York 1988

Laurens van der Post: Wie Afrika isst. Berlin 1979

Gisela von Radowitz: Märchen der Buschmänner. Hanau 1983

Christian Rätsch: Pflanzen der Liebe. Aarau 1995

Eric de Rosny: Die Augen meiner Ziege, Auf den Spuren afrikanischer Heiler und Hexer. Wuppertal 1999

Eric de Rosny: Heilkunst in Afrika. Wuppertal 1992

Rudolf Schröder: Kaffee, Tee, Kardamom. Stuttgart 1991

Nasrin Siege: Kalulu und andere afrikanische Märchen. Frankfurt am Main 1993

Yvonne Vera: Eine Frau ohne Namen. München 1997

Ursula Winnington: Aphrodites Gaben. Berlin 1991

Rezeptregister

Äthiopisches Fladenbrot 67
Afrikanischer Zwiebel-Erdnuss-Topf 155
Amatooke 136
Angel's Delight 196
Austernspieße 119
Bananen-Fufu 137
Bohnen in Kokosmilch 102
Bohnen mit knallroten Kochbananen 136
Brathuhn mit Suppe 169
Burghul-Eier mit Ta'leya 187
Butterschmalz 92
Champignonspieße 84
Chili Wodka 76
Chilipfeffer, eingelegter 76
Cocoyams-Bananen-Brei 130
Couscous-Füllung 96
Currypulver 85
Curryreis, tropischer 161
Dattelgefüllter Kürbis 109
Dattelkuchen 110
Datteln, gefüllte 109
Datteln mit Aprikosen und Nüssen 110
Dattel-Rauten 108
Dattel-Tagine 107
Eierkrapfen 189
Eiersauce 190
Eingelegte Zitronen 75
Eingelegter Chilipfeffer 76
Ente mit Spinatfüllung 179
Erdnussreis mit Truthahnkeule in
    Tomatensauce 171
Falafel 83
Fisch, gepfefferter 70
Fisch, gewürzter 159
Fisch mit Kokosmilch, gebratener 100

Fisch mit Koriander 80
Fischeintopf mit Banku und Okrasauce 147
Fischflocken-Aufstrich 156
Fischsuppe mit Okras 142
Fleisch mit grünem Pfeffer 68
Frischer Granatapfelsaft 193
Frittierte Yams 131
Fruchtsalat, tropischer 195
Garnelen mit Curry-Kokos-Sauce 103
Gebratene Pilze 132
Gebratener Fisch mit Kokosmilch 100
Gedünstete Tilapia in Pfeffersauce 71
Gefüllte Datteln 109
Gefüllte Wildtaube 181
Gefüllte Zwiebeln 151
Gefüllter Truthahn 180
Gegrillte Schnecken 119
Gemüsebratlinge 132
Gemüse-Couscous 154
Gemüse-Omelett 184
Gemüsesuppe 82
Gepfefferte Kartoffeln 72
Gepfefferter Fisch 70
Gewürzbutter 162
Gewürzter Fisch 159
Granatäpfel mit Karamell-Kokos-Creme 195
Granatapfelsaft, frischer 193
Granatapfelsuppe 194
Grillpulver »Suya mako« 118
Hähnchen in Buttermilch mit Kochbananen-
 püree 137
Hähnchen in Kokosmilch 101
Hähnchen-Erdnuss-Bananen-Sauce 139
Hammel-Pfeffersuppe 70
Heiße Safranmilch 88
Hühnchensuppe 170
Huhn in Reis 173
Huhn mit Couscous-Füllung 172
Huhn mit frischen Feigen, süßes 199

Huhn mit Kichererbsen und Zwiebeln 174
Huhn mit Kräuter-Füllung 178
Huhn mit Mandeln und Zwiebeln 174
Huhn mit Oliven und Zitronen 175
Huhn mit Pflaumen und Zwiebeln 177
Kaffee, mittelsüßer 89
Kaktusfeigensalat 198
Kardamom-Kaffee 89
Kartoffeln, gepfefferte 72
Klare Suppe 117
Knoblauchpaste 162
Knoblauchpfanne 158
Knoblauchsuppe 160
Knollenbrei 129
Kochbananen in Kokosmilch 102
Kochbananenchips 138
Kochbananenchips »Aloko« 138
Kochbananenchips »Kelawele« 139
Kokosbonbons 104
Kokosnuss-Gebäck 104
Kokosnuss-Reis 103
Kreuzkümmel-Hähnchen 176
Kürbis, dattelgefüllter 109
Kutteln à la Beninoises 160
Ladyfinger 144
Lammfleisch mit Okras 144
Mai Mai 186
Mais-Bananenklößchen 138
Mango-Omelett 184
Marinade, marokkanische 93
Marokkanische Marinade 93
Meeresfrüchtesuppe 116
Mittelsüßer Kaffee 89
Muschel-Krabben-Fisch Couscous 114
Okra mit Ugali, scharfe 145
Okras mit Mais 148
Okras mit Palmnuss und Huhn 148
Okraschoten-Tagine 146
Okrasuppe 141

Omelett mit Lauchzwiebeln 185
Omelett mit Spinat 185
Palmöl-Suppe 142
Pfeffereier 186
Pfefferhummer auf Spießchen 73
Pfeffersauce 72
Pfeffersuppe 69
Pick me up 196
Pilze, gebratene 132
Pürierte weiße Yams 132
Quarkpudding 190
Rebhuhn in Zitrone 84
Reis mit Petersilie, Zwiebeln und Tomaten 152
Reis-Fleisch-Eintopf 94
Rindercurry mit Kakifeigen 200
Rindfleisch mit Okras 143
Rindfleisch-Curry 85
Rippenfleisch in roter Pfefferpaste 71
Rote Pfeffermischung 74
Rote Pfefferpaste 75
Rührei 188
Rühreier mit Auberginen 183
Rühreier mit Hackfleisch 188
Safran-Gemüse-Platte 93
Safranmilch, heiße 88
Sardinen-Omelett 185
Sauce mit Huhn, würzige 153
Scharfe Okra mit Ugali 145
Scharfer Schneckenspieß 118
Schnecken, gegrillte 119
Schnecken in scharfer Sauce 116
Schneckenspieß, scharfer 118
Spinat mit Eiern 189
Spinat-Reis 86
Spinatsuppe 117
Stubenküken 170
Süßes Huhn mit frischen Feigen 199
Suppe à la Casablanca 90
Tamiya 83

Taubenbrüste im Ofen 168
Tilapia in Pfeffersauce, gedünstete 71
Tomaten-Zwiebel-Sambal 156
Trid 91
Tropischer Curryreis 161
Tropischer Fruchtsalat 195
Truthahn, gefüllter 180
Weizenkleiesuppe mit Kräutern 82
Wildtaube, gefüllte 181
Würzige Sauce mit Huhn 153
Yams, frittierte 131
Yams, pürierte weiße 132
Yamsbrei 130
Yams-Festspeise 128
Yams-Kroketten 131
Ziegen-Pfeffersuppe 69
Zitronen, eingelegte 75
Zitronen-Safran-Hähnchen 95
Zwiebel-Erdnuss-Topf, afrikanischer 155
Zwiebelhuhn 152
Zwiebeln, gefüllte 151

In der Reihe »Gerichte und ihre Geschichte« sind bisher erschienen:

Magdi und Christine Gohary ·
Brahim Lagunaoui
◆ Arabisch kochen

Stefan Ullmann
◆ Australisch kochen

Moema Parente Augel
◆ Brasilianisch kochen

Brigitte und Elmar Engel
◆ Indianisch kochen

Madhur Jaffrey
◆ Indisch kochen

Jürgen Schneider
◆ Irisch kochen

Birgit Kahle
◆ Kubanisch kochen

Beate Engelbrecht · Ulrike Keyser
◆ Mexikanisch kochen

Ketselah Wubneh-Mogessie
◆ Ostafrikanisch kochen

Parvin Vormweg
◆ Persisch kochen

Márcia Zoladz
◆ Portugiesisch kochen

Jojo Cobbinah, Holger Ehling
◆ Westafrikanisch kochen

Die Reihe wird fortgesetzt.
Bitte fordern Sie unseren
aktuellen Katalog an:

Verlag Die Werkstatt
Lotzestraße 24a
D-37083 Göttingen
www.werkstatt-verlag.de